Fédon

Dados Internacionais de Catalogação na Publicação (CIP)
(Câmara Brasileira do Livro, SP, Brasil)

Platão
Fédon / Platão ; tradução Anderson de Paula Borges. – 1. ed. – Petrópolis, RJ : Vozes, 2022. – (Coleção Vozes de Bolso)
Título original: Fédon
ISBN 978-65-5713-365-1
1. Imortalidade (Filosofia) I. Título II. Série.
21-80883   CDD-129

Índices para catálogo sistemático:
1. Imortalidade : Filosofia   1292

Maria Alice Ferreira – Bibliotecária – CRB-8/7964

Platão

Fédon

Tradução direta do grego, introdução e notas de
Anderson de Paula Borges
(*Professor e pesquisador de filosofia antiga da
Universidade Federal de Goiás*).

Vozes de Bolso

Tradução realizada a partir do original em grego intitulado Φαιδων, a partir da seguinte edição: DUKE, E.A; HICKEN, W.F.: NICOLL, W.S.M.; ROBINSON, D.B.; STRACHAN, J.C.G. (eds.). Platonis Opera. Volume I. Oxford/New York: Oxford University Press, 1995.

© desta tradução:
2022, Editora Vozes Ltda.
Rua Frei Luís, 100
25689-900 Petrópolis, RJ
www.vozes.com.br
Brasil

Todos os direitos reservados. Nenhuma parte desta obra poderá ser reproduzida ou transmitida por qualquer forma e/ou quaisquer meios (eletrônico ou mecânico, incluindo fotocópia e gravação) ou arquivada em qualquer sistema ou banco de dados sem permissão escrita da editora.

CONSELHO EDITORIAL

Diretor
Gilberto Gonçalves Garcia

Editores
Aline dos Santos Carneiro
Edrian Josué Pasini
Marilac Loraine Oleniki
Welder Lancieri Marchini

Conselheiros
Francisco Morás
Ludovico Garmus
Teobaldo Heidemann
Volney J. Berkenbrock

Secretário executivo
Leonardo A.R.T. dos Santos

Diagramação: Sheilandre Desenv. Gráfico
Revisão gráfica: Anna Carolina Guimarães
Capa: Ygor Moretti

ISBN 978-65-5713-365-1

Este livro foi composto e impresso pela Editora Vozes Ltda

Dedicatória: *para minhas filhas*
Alice e Yasmim.

Sumário

Introdução, 9

Fédon, 33

Referências biliográficas, 133

Notas, 139

Introdução

1. Platão, Sócrates e a filosofia

No *Fédon*, Platão mostra o vigor de sua arte de escrever dramas filosóficos sobre temas de interesse geral à vida humana. O tema do diálogo é a imortalidade da alma, mas, como faz em outros diálogos do mesmo período, entre as quais *Banquete* e *República*, Platão cria uma obra multifacetada que aborda aspectos da filosofia e da vida humana de um modo geral. Em seu conjunto, o diálogo discorre sobre o valor moral da filosofia, o significado da morte para o ser humano, os limites da sensação no conhecimento, a função cognitiva da alma, a relação entre alma e corpo, a reminiscência de ideias, a noção de "causa", as ideias como "hipóteses", o destino das almas após a morte, as características geofísicas da terra na concepção mitológica, entre outros tópicos. Todos esses assuntos são discutidos no curso de uma conversa que Sócrates teria tido com seus amigos na prisão, em 399 a.C., pouco antes de tomar o veneno que lhe tiraria a vida.

O *Fédon* segue de perto a concepção de filosofia que Platão apresentou no *Fedro:* trata-se de uma atividade que explora argumentos (*logoi*) sobre o que é plausível de se dizer com os recursos que dispomos. Para Platão, a filosofia é uma arte a ser desenvolvida por pessoas que efetivamente estejam preocupadas em conhecer a natureza dos assuntos que abordam (cf. *Fedro,* 261a; 265b-266b). Desde seus primeiros diálogos, Platão representa Sócrates como um hábil praticante desta arte, um pesquisador de definições sobre tópicos relevantes à vida ética, como "justiça", "piedade", "coragem". Nos diálogos nos quais investigações sobre tais temas são desenvolvidas, embora Sócrates mostre-se, por vezes, confiante na possibilidade de encontrar as definições buscadas, frequentemente a conversa se encaminha para um impasse e o próprio Sócrates revela-se incapaz de fornecer uma resposta melhor dos que as que critica ou descarta. Talvez isso indique a visão socrática sobre os limites da racionalidade humana, razão pela qual a filosofia deve ser uma investigação possível e cooperativa, não um saber dogmático de uma mente solitária. O *Fédon* apresenta o mesmo Sócrates dos textos iniciais, engajado, com os tebanos Símias e Cebes, na tarefa de "conversar dialeticamente" (*dialeghesthai*) sobre quais argumentos permitem sustentar a tese de que a alma é imortal e indestrutível. Há, contudo, uma diferença em relação àqueles textos: Sócrates conduz a maior parte das ideias numa perspectiva afirmativa, em contraste com os finais abertos que deixa nas discussões como as que encontramos em *Eutífron*, *Cármides*, *Laques*, *Mênon* e outros. O leitor verá objeções e questionamentos, apresentadas sobretudo por Símias e Cebes, mas Sócrates as responde pacientemente e, com isso, parece sugerir, ao menos neste diálogo, que a filosofia, dentro de seus limites, pode articular razões de forma a alimentar a alma humana com algum nível de segurança sobre as questões que a afligem.

Análises gerais, disponíveis em português, sobre os principais temas do platonismo, incluindo comentários a alguns diálogos específicos, são encontradas em: BENSON 2011; CORNELLI; LOPES (coord.) 2018; MORAVCSIK 2000. Nestes estudos, há sugestões de literatura secundária sobre temas platônicos. Ver também o conjunto de comentários e referências, editado (em inglês) por Gail Fine, em FINE 2019.

2. A estrutura do Fédon

A narrativa se passa na cidade de Fliunte, no Peloponeso, onde ocorre uma conversa entre Equécrates, um pitagórico, e Fédon, discípulo de Sócrates e destinatário da homenagem que Platão lhe faz ao nomear a obra como *Fédon*. Esta conversa, narrada no prólogo (57a-59c), constitui o quadro externo do diálogo. Equécrates encontra-se com Fédon em Fliunte e vai direto ao ponto: pede o relato dos acontecimentos do último dia de vida de Sócrates, o que este disse e como foi seu fim. Fédon, que assistiu aos eventos da morte de Sócrates, inicia, então, o segundo quadro, a narrativa da conversa entre Sócrates e os irmãos, proveniente de Tebas, Símias e Cebes. Antes de passar às palavras de Sócrates, a partir de 60b, Fédon fala sobre o contexto da prisão: o estado de espírito de Sócrates, os nomes dos presentes no dia da conversa, a rotina dos amigos que visitavam Sócrates naqueles dias e outros detalhes.

Apresento abaixo, sob a forma de breves sínteses, algumas ideias que permeiam a obra. No fim de cada seção, forneço referências de literatura secundária com o intuito de auxiliar o leitor que quiser se aprofundar – as referências são apenas sugestões e não constituem bibliografia completa sobre as seções. Ao destacar a estrutura, não estou sugerindo que as ideias comentadas esgotam o conteúdo filosófico do diálogo. Pelo contrário, penso que a melhor forma de se interpretar o *Fédon* é lendo-o integralmente, sem supor que esta ou aquela parte é mais "filosófica", mas procurando notar como cada momento do diálogo contribui para o desenvolvimento do todo. Neste aspecto, concordo com McCABE 2015, para quem Platão não escreve nada em vão.

2.1 A "Defesa de Sócrates" (63e-69e)

Após uma conversa sobre o tema do suicídio (61c-63e), Sócrates faz, em 63e-69e, uma defesa da filosofia. Alguns leitores chamam esta seção de "Defesa de Sócrates", em alusão à *Apologia de Sócrates,* pois Sócrates diz (63b) que as ideias que vai desenvolver pretendem ser mais persuasivas do que as que apresentou, no tribunal, perante os juízes. A ideia central da seção é a tese de que a filosofia é uma preparação à morte. O sentido de "morte" para Sócrates não é o fim da vida, mas o que a definição dada em 64c propõe: morte é a separação da alma *do* corpo (cf. 64c; 67d). Esta definição implica que a alma é responsável pela vida do indivíduo. Será crucial para Sócrates, portanto, mostrar que, na morte, o que morre é o corpo e não a alma. Tendo este objetivo no horizonte, Sócrates inicia sua argumentação enfatizando que o filósofo genuíno pratica o distanciamento da corporeidade ao treinar sua alma à reflexão. Por viver dessa maneira, o filósofo deveria sentir-se preparado para a morte real. A proposta é arrojada e muito apropriada à audiência de amigos e seguidores que está prestes a ver o fim físico de Sócrates, mas não se está propondo que filósofos são seres moribundos à espera do fim. A tese não implica negação da vida e da concepção de felicidade que o filósofo sustenta. Sócrates recomenda, no entanto, uma *"katharsis"* (cf. 67b-d, 69b-c) dos prazeres corporais. Trata-se de um autocontrole das funções e apelos do corpo com vistas a preservar as condições ideais na quais a alma deve exercitar sua função cognitiva, particularmente no tempo em que está encarnada.

Para um tratamento aprofundado da seção, com discussão das alternativas de interpretação e comentários às possíveis influências sobre Platão, ver BLUCK 1955, p. 46-55; GALLOP 1975, p. 86-103; BOSTOCK 1988, p. 21-41; DIXSAUT 1991, p. 76-87; RUSSELL 2005, p. 77-97; PAKALUK 2003; EBREY 2017 e NUNES-SOBRINHO 2007, p. 89-102.

2.2 O argumento cíclico: 69e-72e

No argumento cíclico, Sócrates elabora uma resposta preliminar a dois tópicos que surgiram na objeção que Cebes fez em 69e-70b, após a seção anterior. Cebes disse que é preciso elaborar uma explicação sobre a "existência da alma após a morte" e sobre seu "poder e inteligência". A elaboração destes dois pontos irá ocupar três seções do diálogo: o *argumento cíclico* (70c-72e), o *argumento da reminiscência* (72e-78b) e o *argumento da afinidade* (78b-84b). No *argumento cíclico* Sócrates elabora uma linha de defesa do primeiro ponto: a possibilidade de existência da alma após a morte. Ele desenvolve uma "doutrina antiga" (*palaios logos*, cf. 70c) segundo a qual os vivos vêm a ser dos que morreram e vice-versa. (70c-d). Para dar plausibilidade a esta doutrina, Sócrates combina duas ideias: um princípio sobre *opostos* (70d-71a) e uma tese de que tudo o que possui geração passa por um processo contínuo de *alternação* (cf. 71e, 72a) entre vir a ser e deixar de ser. Na literatura da passagem, há a sugestão de que tomemos o princípio dos opostos como um princípio sobre propriedades *contraditórias* e não meramente *contrárias* (cf. BOSTOCK 1986). A diferença entre ambas é a seguinte: atributos contraditórios são atributos mutuamente excludentes cuja presença nas coisas (objetos e fatos) é necessariamente "um ou outro", sem possibilidade de intermediários. Já os atributos *contrários* não podem estar, simultaneamente, no mesmo objeto ou fato, mas não é necessário que um ou outro esteja. Assim, branco e preto são cores contrárias, mas há muitas outras cores intermediárias entre estas, e muitos objetos que não possuem ambas. O primeiro exemplo usado por Sócrates no argumento cíclico (cf. 70e), à primeira vista, parece não se enquadrar na opção de atributos contraditórios, pois, se algo se tornou "belo", pode bem ser que não tenha sido antes "não belo", apenas "diferente" ou "comum". Mas o exemplo pode ser interpretado da seguinte maneira. Considerando que Sócrates está argumentando que toda mudança, entre opostos, é uma mudança de uma condição em que dado atributo não estava em x a uma condição em que agora está presente em x, pode-se ler o exemplo do belo neste sentido: se algo, efetivamente, veio a tornar-se "belo", necessariamente não tinha esse atributo antes ou, ao menos, não era visto dessa maneira. Era, portanto, "não belo". Com isso, o exemplo enquadra-se no esquema de pares contraditórios. Os demais exemplos de pares de opostos também podem ser interpretados assim: *justo-injusto, maior- -menor, forte-fraco, lento-rápido, pior-melhor, dormir-acordar, aquecer-esfriar*. O princípio funciona bem para propriedades que atuam como adjetivos e o argumento principal da seção visa o par de adjetivos "vivo-morto" (Sócrates se refere a estados: "viver-estar morto"). Assim, a tese dos opostos, em linhas gerais, sustenta que se algo *veio a ser F*, num momento anterior era *"não F"*. Aplicada à alma, a tese sustenta que uma alma recebe a propriedade "viva" quando entra num corpo a partir de uma condição em que possuía a propriedade contraditória àquela: era "não viva" no sentido de não estar encarnada (cf. 77d, 95c-d). Mas a tese dos opostos, isoladamente, não é suficiente para sustentar que a alma de uma pessoa morta continua existindo no Hades. Para sustentar isso, Sócrates põe em ação a tese da alternação entre os membros dos pares de opostos. O argumento é introduzido como uma escolha a ser feita entre duas alternativas: ou aceitar a alternação perpétua ou concluir que, após uma ou duas instâncias de geração, os membros dos pares de opostos se dissolvem e desaparecem (cf. 71e-72b). Sócrates e Cebes adotam a primeira. Assim, considerando o par "vivo-morto" como um par de atributos contraditórios, conforme expomos acima, o argumento cíclico, apoiado agora pela tese da alternação, sustenta que toda alma passa por um ciclo contínuo: vem à vida assumindo um corpo a partir de uma condição em que *existe* como "morta" e retorna a esta condição após um período. Enquanto está desencarnada, ela existe em algum lugar e o candidato natural para tal lugar, como diz Sócrates em 71e, é o Hades. Assim, Sócrates cumpre o objetivo do argumento cíclico, de acordo com nossa interpretação: sustentar que a encarnação de uma alma num corpo ocorre a partir de uma alma preexistente, "morta" segundo a concepção de morte sustentada na seção anterior: *a separação da alma do corpo*. Poder-se-ia imaginar que Sócrates está sugerindo que a alma, como as demais coisas geradas, sofre o processo de geração, o que fatalmente chocar-se-ia com a doutrina da imortalidade, cujas provas estão sendo elaboradas aqui. Mas, como veremos no *argumento da afinidade* (78b-84b), embora participe da geração no processo de encarnação, a alma não sofre alteração em sua natureza, que permanece simples, em contraste com as coisas geradas, que são compósitas.

Para comentários específicos, com discussão dos problemas da passagem, ver GALLOP 1973, p. 103-113; GALLOP 1982; BOSTOCK 1986, p. 42-59; BLUCK 1955, p. 18/56-57; DIXSAUT 1991, p. 87-97; ROWE 1993, p. 154-157; GRECO 1996.

2.3 O argumento da reminiscência (72e-78b)

Em 72e-78b, Sócrates desenvolve um argumento para a sugestão de que a alma traz consigo conhecimentos prévios sobre "Formas" (ou ideias) como "igualdade", "justiça", entre outras. Segundo este argumento, tais conhecimentos seriam esquecidos na encarnação e recuperados depois por um processo chamado "reminiscência" (*anamnēsis*). A seção contribui para a defesa da imortalidade da alma, mas Sócrates se mostra consciente (ver 76e-77c) de que o que ele propõe aqui não é a imortalidade enquanto tal, mas certa evidência da existência prévia da alma com base no conhecimento que ela teria de "Formas", obtidos em algum momento anterior à entrada no corpo humano.

Do ponto de vista das razões que contam em favor desta existência prévia, a seção desenvolve dois pontos: (i) a distinção entre as instâncias de Formas nas experiências sensíveis e as Formas em si mesmas; ii) a rememoração de Formas pré-natais. O primeiro ponto é visto por intérpretes do *Fédon* como uma apresentação clássica da chamada "Teoria das Ideias de Platão" (cf. ROSS 1951). Alguns preferem "Forma" no lugar de "Ideia". Ambos os termos traduzem a palavra grega "*eidos*", usada pelo autor do *Fédon* para se referir às ideias em si. Ele usa também *idea* (ideia) e locuções que marcam a consideração em si de um tema ou objeto, como "*auto kath' hauto*". Os que preferem "Forma" à "Ideia" notam que esta última remete a conceitos como abstrações mentais, alternativa que Platão rejeita no *Parmênides* (132b-c) em favor de uma concepção real e inteligível para as Formas. De nossa parte, não vemos problema neste uso de "Ideia" para traduzir o termo grego "*eidos*", desde que se tenha a precaução de atentar para o sentido real e objetivo que Platão concede às ideias.

Consideremos, brevemente, o ponto central da seção. Sócrates enfatiza que, apesar de ser a partir de experiências sensíveis com ocorrências de "igualdade" (cf. 74a) que a alma rememora a igualdade em si, aquelas experiências não são responsáveis pela geração da Forma da "igualdade", tal como instalada na alma. A história da filosofia interpretou esse ponto como um afastamento, por parte de Platão, do chamado "empirismo", linha filosófica segundo a qual as ideias seriam formadas por abstrações de características percebidas nas experiências particulares. Conforme o que se apresenta nesta seção do *Fédon*, o argumento sobre a origem das ideias sustenta o que segue. De um lado, experiências sensíveis com noções como "igual", "justo", "piedoso", *inter alia*, permitem à alma de cada pessoa uma rememoração e uma reflexão sobre a condição em si de tais noções. Por outro, parece que essa condição em si não foi formada nas experiências que tivemos por meio de nossos sentidos, pois no conjunto destas observa-se que, frequentemente, um objeto ou fato apresentam "copresença de opostos": manifestam propriedades contrárias ou são avaliados, em diferentes contextos, segundo propriedades contrárias. Dado que as Formas em si não parecem afetadas por esse problema, é provável que seu ser tenha outra origem. Sócrates sugere que esta origem é pré-natal e que aquelas experiências sensíveis, ainda que marcadas pela copresença, permitem rememorar as Formas. Numa seção crucial, em 74a-c, Sócrates oferece o seguinte exemplo sobre a diferença entre Formas e sensíveis: um par de pedras ou um par de lenha, sendo iguais, às vezes aparecem como "não iguais", mas a igualdade (*to ison*) em si nunca aparece como "não igual". A literatura do *Fédon* discute se o exemplo está sugerindo que a variação, expressa pelo verbo "aparecer" (*phainesthai*), se dá na constituição real dos objetos sensíveis, de modo que certos pares de pedras ou de lenha seriam exatamente iguais, enquanto que outros pares, dada a variação verificada em sua matéria ou forma, seriam não iguais (ver SHIELDS 2011), ou se o exemplo está sugerindo que a variação nos predicados atribuídos aos objetos das experiências sensíveis é um efeito da percepção do sujeito, não sendo necessariamente um atributo dos objetos, de modo que, para alguns indivíduos, certos pares de objetos sensíveis *parecem* iguais, enquanto que, para outros, a opinião contrária é que conta: *parecem* não iguais (ver SVAVARSSON 2009). É possível que Platão entenda que os dois tipos de variação são relevantes para seu argumento (cf. *Banquete* 211a-b). Ambos seriam produtores de casos de copresença de opostos no âmbito do que é sensível. O pouco espaço que temos aqui não nos permite aprofundar o tema, e o leitor pode recorrer à literatura relacionada abaixo. No entanto, mesmo que os detalhes sobre o tipo de mudança em questão permaneçam em disputa, é certo que Platão sugere, no *Fédon*, que a identidade lógica e ontológica das Formas é estável, em contraste com a instabilidade do que é sensível. Aquela constância de identidade permite a Sócrates supor que o ser das Formas está dado na alma sob algum aspecto pré-natal, embora ele não detalhe que tipo de inatismo estaria em jogo aí.

Os que expusemos acima é um aspecto geral da seção e não esgota o leque de tópicos a serem comentados. Na verdade, esta é uma seção que atrai a atenção de sucessivas gerações de intérpretes. Pode-se ter uma ideia mais precisa dos aspectos e problemas discutidos na passagem consultando-se os seguintes comentários: MILLS 1957; GALLOP 1975, p. 113-137; SMITH 1980; PENNER 1987, p. 57-62; WHITE 1987; DIXSAUT 1991, p. 97-105; DIMAS 2003; SILVERMAN 2002, 51-55; DANCY 2004, p. 253-283; SEDLEY 2007; SVAVARSSON 2009; ZUPPOLINI 2015. Em BORGES 2016 apresento uma análise dos limites cognitivos da sensação em Platão, como foco em *Teeteto* 184-6. Este tema está presente nesta e na próxima seção. Já para comentários voltados aos pressupostos platônicos na teoria da reminiscência – incluindo comparações com outros filósofos que defenderam formas de inatismo de ideias – pode-se consultar SCOTT 1995; KAHN 2011 e FINE 2014, p. 137-175.

2.4 O argumento da afinidade (78b-84b)

Esta seção propõe que a alma é "mais similar" (*homoiotaton*) à classe do que é "invisível" (*aides*), ao passo que o corpo é mais similar à classe do que é "visível" (*horaton*). A primeira classe possui os predicados "divino", "imortal", "inteligível", "uniforme", "indissolúvel" e "sempre está no mesmo estado". A segunda possui os predicados "humano", "mortal", "não inteligível", "multiforme", "dissolúvel" e "nunca está no mesmo estado" (cf. 80b). Um exemplo de seres do primeiro tipo são as Formas. Na segunda classe estão os corpos do mundo físico, incluindo o corpo humano, bem como objetos sensíveis de um modo geral. Sócrates explora na seção as consequências que esse contraste acarreta para a alma, tanto na esfera cognitiva, condição que exige dela um esforço para obter conhecimentos e rememorar suas noções esquecidas, quanto no aspecto prático das opções que segue e o destino a que é levada por conta de tais opções.

A seção é vista por muitos leitores sob a perspectiva da separação entre alma e corpo, tema que se enquadra na história da filosofia como uma instância do chamado "dualismo alma-corpo". Em nossa leitura, a separação entre alma e corpo, proposta no *Fédon*, é normativa, não sendo uma separação de fato (cf. 80e). Sócrates defende que a alma é mais similar à classe do "inteligível-invisível" do que à classe do "sensível-visível", mas não propõe uma identidade entre a alma e a primeira classe. Ele nota que a alma partilha também algumas características da esfera visível na medida em que conserva, em vida, as opiniões formadas pela influência do que é sensível (cf. 79c-d). Neste aspecto, a alma é um ser composto: é naturalmente voltada ao inteligível, mas incorpora valores e características do mundo físico. Sócrates enfatiza que a alma tem seu destino traçado segundo as escolhas que estas duas vias a fazem adotar. Por outro lado, a sugestão de que a alma tem, por natureza, certa similaridade com o mundo inteligível permite a Sócrates reforçar a tese de que a condição pré-natal das Formas, discutida na seção anterior, cabe também à alma.

Além do tema acima, a seção também é uma importante fonte de informações sobre as Formas e sobre a relação entre alma e corpo nos atos de conhecimento. Quando discorre sobre as Formas, Sócrates faz uma descrição geral que lembra a linguagem usada nos diálogos iniciais de Platão: elas são descritas como "essências" (*ousiai*) e postas como objeto de perguntas e respostas nas conversações filosóficas, em especial como objeto da pergunta "o que é?". Sócrates diz que as Formas são responsáveis pelos nomes dados aos particulares nas experiências sensíveis. Desse modo, a Forma do belo fornece a pessoas, cavalos, mantos e outros itens o termo "belos", a Forma do igual fornece aos muitos iguais sua "igualdade" e, do mesmo modo, as demais Formas são responsáveis pelos nomes dados aos demais particulares (ver 78d-e). A seção exibe certa ênfase numa propriedade específica das Formas: são não compostas, em contraste com os objetos sensíveis, que são compostos.

Para comentários detalhados, ver GALLOP 1975, 137-146; BOSTOCK 1986, p. 116-121; DIXSAUT 1991, p. 107-111; APOLLONI 1996; SILVERMAN 2002, p. 55-57; JOHANSEN 2017;

2.5 Objeções de Símias e Cebes: resposta de Sócrates a Símias (84c-95a)

Nesta seção, Sócrates ouve as objeções de Símias e Cebes e desenvolve uma resposta a Símias. A resposta a Cebes é desenvolvida na próxima seção. Durante uma pausa, Sócrates vê os irmãos conversando entre si e encoraja-os a compartilharem com os demais. Ele diz: *"acaso parece-vos que está faltando alguma coisa no que foi dito? Pois, de fato, o argumento ainda tem muitos aspectos suspeitos e objeções, sobretudo se alguém for explorá-lo adequadamente. Assim, se estais considerando algo mais, falo sem propósito, mas se estais perdidos sobre o tema de que falávamos, absolutamente não hesiteis em falardes por vós próprios e percorrerdes o ponto, se tendes a impressão de que poderia ter sido mais bem expresso de outra forma. E não hesiteis em tomar-me como auxiliar, se suponhais que com minha ajuda será mais fácil sairdes das dificuldades."* (84c-d).

Símias toma a palavra e formula a seguinte objeção: se compararmos a alma à harmonia musical e concebermos ambas sob a perspectiva do argumento que Sócrates acaba de expor, isto é, que a alma é mais durável por ser invisível e divina, enquanto o corpo é menos durável por ser mortal e visível, deve-se concluir que a harmonia musical deveria perdurar mesmo se a lira, que gerou a harmonia, for destruída. Contudo, nota Símias, não é o que ocorre: a harmonia depende do instrumento e se desfaz tão logo este não exista mais. O sentido de "harmonia" aqui, como se nota pela relação entre harmonia e uma lira particular (cf. BOSTOCK 1986), é "afinação". Em sua objeção, Símias concebe a alma como harmonia *do corpo*: ela é, essencialmente, uma combinação das propriedades do corpo. Assim, se este padece de doenças e perde a vida, a alma, necessariamente, morrerá.

Antes de responder a Símias, Sócrates pede que Cebes expresse sua objeção. Cebes diz que não concorda com a tese de Símias de que a alma é uma harmonia. Ele a vê como superior ao corpo e capaz de durar mais do que este. Contudo, para Cebes, o ponto que ainda não foi demonstrado é o tempo desta duração. Ele compara a relação entre alma e corpo com a relação entre um tecelão e os mantos que este produz e usa. Nesta analogia, o manto corresponde ao corpo e o tecelão à alma. O tecelão usa vários mantos, assim como a alma encarna em vários corpos. Cebes nota que o fato de um tecelão morrer, no fim da vida, antes da destruição completa de seu último manto, não implica que o manto vá durar eternamente. Da mesma forma, o fato de, na morte, um corpo persistir como matéria por um tempo não implica que ainda haja vida nele ou que vá durar. Diante destas evidências, Cebes pontua que não temos razões para acreditar que a alma persiste e, por isso, é recomendável que aceitemos que ela morre antes do corpo, tal como o tecelão que, na velhice, encerra sua vida antes de sua última vestimenta. Quando, mais tarde, em 91d, antes de responder a Símias, Sócrates rememora ambas as objeções, ele sintetiza a de Cebes com estas palavras: "...*me pareceu concordar comigo num ponto, que a alma é mais duradoura do que o corpo, mas receia que não esteja claro a ninguém se, após ter usado vários corpos em tantas vidas distintas, ao deixar o último a própria alma não seja aí finalmente aniquilada, e se a morte não seria justamente isso: a destruição da alma, uma vez que o corpo, de sua parte, não cessa absolutamente de estar em contínuo perecimento.*"

Depois destas objeções, Fédon, narrador do diálogo, retorna ao primeiro plano da narrativa para destacar que os questionamentos dos tebanos tiveram forte impacto na audiência, provocando um interlúdio na conversa (cf. 88b-91c). Antes de responder aos questionamentos – o que se dá somente a partir de 91c –, Sócrates faz uma digressão sobre o papel dos argumentos e das objeções na filosofia. Sócrates lembra que o valor da discussão filosófica não está em cada um ocupar-se com a defesa de *suas próprias teses,* mas em buscar apresentar o argumento que melhor o convence sobre um determinado ponto. Em 89a-91c, Sócrates discorre sobre a filosofia como atividade e sobre como ela pode acolher as objeções. Como atividade, é um trabalho colaborativo de argumentação cujos resultados são mais bem avaliados no seu conjunto. Quanto às objeções, Sócrates indica que devem ser enfrentadas como passos na elucidação do tema, não como evidências de que a filosofia não obtém consenso ou é inerentemente contenciosa. Sócrates lembra que muitos poderão desanimar da filosofia diante de objeções como estas que os tebanos acabaram de fazer, mas é preciso perseverar na argumentação e buscar a melhor linha de resposta, sem opor-se ao interlocutor como quem quer derrotá-lo, mas orientado por um objetivo maior: convencer a si mesmo de que o conhecimento que detém do tema pode ser a base de sua crença numa perspectiva mais sólida do que a que o interlocutor está oferecendo. Essa forma de conceber o papel da argumentação ficará muito evidente na próxima seção do *Fédon*, quando Sócrates narrar o que ele vai chamar de "segunda navegação".

Dito isto, sintetizemos a resposta de Sócrates a Símias, desenvolvida em 91c-95a. Sócrates obtém dos tebanos um compromisso com o argumento da reminiscência. Em seguida, volta-se à proposta de Símias e diz que a relação entre alma e corpo no argumento da reminiscência é incompatível com o argumento da harmonia, pois no primeiro a evidência de conhecimentos pré-natais permitiu concluir que a alma existe antes de entrar no corpo, mas no da harmonia essa condição não pode ser afirmada devido à sugestão de que a alma se constitui a partir das propriedades mantidas na tensão do corpo. Símias decide manter-se do lado do argumento da reminiscência (92a-e). Depois, Sócrates obtém o assentimento de Símias de que uma alma não pode ser "mais alma" do que outra, o que implica que, embora seja plausível admitir graus de harmonização nos instrumentos, essa possibilidade não poderá ser admitida na tese da alma como harmonia. Símias, que aceita essa premissa, é confrontado com o conflito entre a premissa e uma condição experimentada pelas almas humanas: elas comportam vícios e virtudes. Na medida em que estas disposições introduzem diferenciações morais nas almas, se toda alma, enquanto harmonia, está sempre na mesma condição, não há como descrever as almas do ponto de vista das noções de vício e virtude (cf. 93a-94a). Assim, se mantemos a tese da harmonia, resta a alternativa, implausível, de que todas as almas serão igualmente boas (cf. 93a-94a). Por fim, Sócrates introduz um terceiro ponto: o contraste entre a função natural da alma, que seria comandar os elementos do corpo, controlando as paixões, e a concepção de harmonia. Esta última não pode admitir um papel de comando à alma em função de sua natureza: é constituída dos elementos passionais do corpo, sendo guiada por estes, não cabendo-lhe, portanto, represá-los ou canalizá-los (cf. 94b-e). Com base em tais argumentos, Sócrates rejeita a proposta de Símias (95a).

Análises mais detalhadas das objeções e das respostas de Sócrates encontram-se em GALLOP 1975, p. 146-167; BOSTOCK 1986, p. 122-134; DIXSAUT 1991, p. 111-131.

2.6 Causas, Formas e o argumento final (95a-107b)

Tendo concluído a resposta a Símias, Sócrates volta-se à objeção de Cebes e desenvolve uma longa e complexa resposta para ela. Do ponto de vista temático, é a parte mais densa do diálogo. Sócrates diz que a objeção de Cebes exige um exame das "causas da geração e da destruição em geral" (96a). Na primeira parte da resposta (96a-102a), Sócrates se concentra na noção de "causa" (*aitia*), desenvolvendo dois tópicos: (i) um exame crítico sobre como alguns predecessores usam esta noção (95e-99c) e (ii) a hipótese de que as Formas, compreendias como essências, são "causas" (99c-107b). O último ponto é introduzido por um comentário que Sócrates faz sobre como encara a nova proposta em comparação às dos predecessores, entre os quais Anaxágoras. Sócrates diz que se trata de uma "segunda navegação" [*deuteros plous*, 99d], valendo-se de uma expressão usada na navegação para sugerir o recurso a remos quando a condução pelos ventos não estava favorável. Na narrativa da segunda navegação, Sócrates retoma o ponto sobre as "Formas" e pede a Cebes o assentimento à seguinte tese: *as Formas são causas das qualidades dos particulares* (cf. 100bss). Para expor a relação entre as Formas e os particulares, Sócrates introduz (100c-d) a noção de "participação": um particular (i.e., um objeto, um fato, um fenômeno etc.) é belo porque *participa* na Forma do Belo. O autor do *Fédon* escreve "pelo belo" como "*tō(i) kalō(i)*". Em textos como *Eutífron*, *Laques*, *Hípias Maior*, este dativo costuma expressar a propriedade "pela qual" ou "por meio da qual" um dado x é F, sendo que o "F" é certa ideia – cuja descoberta, nestes textos socráticos, muitas vezes não ocorre – que seria a causa preponderante da propriedade verificada em dado x. No *Fédon*, essa causalidade é função de Formas. Sócrates destaca duas características principais nesta função. Primeiro, na condição de "essências" (*ousiai*, cf. 101c), as Formas são "algo" no sentido de possuírem uma existência própria. Depois, tendo obtido o acordo sobre este ponto, Sócrates diz que elas são *causas* na medida em que são *responsáveis* pelas características dos itens particulares que delas participam.

A proposta da *segunda navegação* não é incompatível com nosso uso de "causa" em alguns contextos. Por exemplo, o médico legista busca a *causa mortis* de um indivíduo, o cidadão está interessado no que "causou" uma súbita onda de frio na cidade, e o prefeito quer saber a "causa" de sua baixa popularidade. Algumas respostas a estas perguntas podem oferecer mais de uma causa, cuja ocorrência pode se dar de forma simultânea ou em sequência. No *Fédon*, porém, Sócrates busca causas singulares (cf. EBREY 2014) que atuam como fatores determinantes. Nesta acepção, o termo *aitia* (causa) significa "por que" algo tem determinadas características ou determinado comportamento. Encontramos esse uso em 96a8-9, onde "*dia ti*" (por que) e "*aitia*" são intercambiáveis. Em 97b3-5, o autor do *Fédon* usa "*di hoti*", expressão que significa "isto por meio do qual".

Dentre alguns problemas para os quais Sócrates relata que investigou causas (ver 96c-97b), ele menciona este: "por que o indivíduo *a* é maior do que o indivíduo *b*?". Segundo Sócrates, uma alternativa de resposta diria que o primeiro é maior "pela cabeça", supondo que a *causa* é uma parte do corpo de *a* que o faz ter maior estatura do que *b*. Quando narra as propostas de *aitiai* dos predecessores, em 95e-99c, Sócrates diz que respostas como "pela cabeça" apresentam o seguinte problema: elas explicam tanto o uso do predicado "maior", no caso da estatura de *a* em relação a *b*, quanto seu contrário, o predicado "menor", em outros casos (ver 96d-3; 100e-101a). Sócrates propõe que se uma dada causa é, simultaneamente, causa de um efeito e de seu contrário, ela não é uma causa adequada. Neste contexto de crítica aos predecessores, ele também diz que se duas causas opostas, como adição e divisão, produzem o mesmo efeito, como "gerar o número '2'", provavelmente não são as causas preponderantes deste efeito (cf. 97a-b). Em termos aritméticos, este último exemplo estaria apontando para o seguinte: dado que 1 + 1 = 2, temos como *causa* do "2" a operação 1 + 1, mas o processo oposto, a divisão, também é capaz de gerar "2", pois, no caso de coisas extensas, dividindo-se a unidade por 2 se obtém "dois itens". Este último aspecto, além de mostrar que, no que relata em 96e-97a, Sócrates pensa na divisão e adição de itens físicos, não na operação formal aritmética – comparar com a opinião contrária de VLASTOS 1970 –, mostra também que Sócrates tem em vista os limites do modelo explicativo dos pré-socráticos, o qual reduzia todo tipo de objeto ou fenômeno a efeitos da adição, divisão ou mistura de elementos materiais (cf. MENN 2010). Quando narra sua opção pelas Formas, adotada como uma investigação de causas "*en logoi*" (nas proposições, cf. 99e), Sócrates destaca que sua proposta estabelece uma identidade contínua para os agentes da mudança e uma identidade relativa para os objetos ou fatos que sofrem a mudança. Com efeito, os primeiros são as Formas e os segundos os particulares. Os particulares ganham ou perdem propriedades e, por isso, sua identidade é relativa, mas as próprias propriedades não são afetadas por tais processos. Assim, quando retoma o exemplo da estatura para explicá-lo da perspectiva deste novo método (ver 101a-b), Sócrates desenvolve a seguinte explanação: a qualidade "grandeza", atribuída ao indivíduo *a*, deriva do uso da Forma *Grandeza*. Por isso, a Forma é a *causa* do fato de *a* ser maior do que *b*. Para Sócrates, a relação – Sócrates prefere o termo "participação" – que seu deu entre um participante *a* e uma Forma (Grandeza) é o fator *predominantemente* responsável (a causa) do fato de *a* ser maior do que *b*. Por outro lado, o indivíduo *a* é um particular que sofre mudanças: num dado momento é posto numa relação com a Forma "Grandeza" e torna-se maior do que *b*, em outro momento é posto numa relação com a Forma "Pequenez" e torna-se menor do que *c*. O autor do *Fédon* não parece ignorar que, neste caso, não se trata de mudança real, mas aspectual. Para ele, mudanças reais e mudanças aspectuais são ambas geradoras de casos de copresença de opostos.

Embora Sócrates se mostre confiante no poder explicativo desta hipótese para vários casos, sobretudo casos de geração e corrupção que envolvem a perda ou o ganho de características como "igual", "belo", "menor", "maior", entre outras – lembremos que ela está introduzindo a doutrina para poder responder à objeção de Cebes sobre a possível destruição da alma na separação *do* corpo –, ele ainda não está contente com o poder explicativo da hipótese. Ele diz que na explicação de fenômenos como "calor", "frio", "febre" etc., é preciso introduzir respostas mais inteligentes do que a "segura", porém "ingênua" resposta pelas Formas (cf. 103b-105c). Assim, para perguntas como "o que torna x quente?", a resposta "é o fogo" é mais adequada porque capta a ação de um elemento do mundo físico que possui conexão direta com o efeito "calor". À pergunta "o que torna este corpo doente?", a resposta "é a febre" é mais inteligente e segura do que a resposta "é a participação na (forma) Doença". Este refinamento na proposta original explora uma característica da participação dos particulares nas Formas como essências, um detalhe que servirá ao argumento final de Sócrates, a saber: os particulares são vistos como "ocupados", ou por instâncias de Formas, ou por itens que, não sendo Formas, possuem em seu ser a característica de alguma Forma, o que interfere no comportamento ontológico destes itens. Adiante, no momento que Sócrates oferece a forma final de sua resposta à objeção de Cebes, aproveitando as teses acordadas em 96a-107b, vemos que o núcleo da resposta é a sugestão de que a alma é um tipo de ser cujo comportamento, do ponto de vista ontológico, é similar a Formas como a tríade (a Forma do número 3). Assim como a tríade nomeia os objetos que ocupa não só com o predicado "três", mas também com a característica "ímpar" e, consequentemente, impede tais objetos de receberem o oposto do ímpar, o "par", a alma transfere aos corpos físicos que ocupa não só a forma "vida", mas também a rejeição ao oposto desta forma, a "morte". Este é, em síntese, o argumento final da imortalidade. Ele pode ser esquematizado como segue. (i) O que quer que a alma ocupe [*kataschē*(i)], ela sempre traz vida [*zōē*] a tal item (cf. *Fédon* 105c8-d4); (ii) o oposto de "vida" é "morte" [*thanatos*] (105d6-9); (iii) assim, dado o que foi acordado anteriormente (102b-105c), a alma não pode admitir a morte, sendo, por isso, imortal.

Comentários que cobrem 95a-107b como um todo são encontrados em GALLOP 1975, p. 168-222; BOSTOCK 1986, 135-193; SILVERMAN 2002, p. 57-65; FEREJOHN 2011, p. 152-156. Para interpretações com ênfase em 96a-102b – sobre as noções de *causa, hipótese, Forma*, entre outros tópicos – ver: ROBINSON 1953; BLUCK 1955, p. 160-188; VLASTOS 1970; ROWE 1992; VAN ECK 1994; BOLTON 1988; HANKINSON 1998; MATTHEWS, G. B; BLACKSON, T.A. 1998; LEDBETTER 1999; KANAYAMA 2000; FINE 2003; SHARMA 2009; MENN 2010; BENSON 2015; DELCOMMINETTE 2016; SEDLEY 2021; Um estudos sobre *"aitia"* em outros textos de Platão está em WOLFSDORF 2005. Para análises da parte final do argumento da imortalidade, ver BLUCK 1955, p. 188-194; GALLOP 1975, p. 192-222; FREDE 1978; PAKALUK 2010. Comentários sobre o uso platônico dos termos gregos *"idea"*, *"eidos"* e *"morph"* estão em HERRMANN 2007.

Narrativa mítica sobre a vida após a morte (107d-115a)

Nesta seção, Sócrates explora aspectos da vida após a morte, com ênfase no destino das almas conforme os valores que adotaram em vida e destaque às características geofísicas do lugar para onde são conduzidas. Além de completar a análise do tema central do diálogo, a seção tem a função de oferecer elementos adicionais para que se tenha em alta conta o cuidado da alma, como se pode concluir pelo que Sócrates diz em 107c-d. Com efeito, o Hades é descrito como um lugar preparado para oferecer recompensas aos que cuidaram de sua alma e punições aos que não o fizeram. Considerando o conjunto de detalhes apresentados pelo mito e a descrição dos diferentes lugares para os quais as almas são levadas, não há dúvida de que o autor do *Fédon* vê esta narrativa como complementar à proposta do diálogo: solidificar a crença de cada um na imortalidade da alma. Comentários sobre a estrutura da seção estão em DIXSAUT 1991, p. 170-179; GALLOP 1975, p. 222-224.

2.8 A cena final: morte de Sócrates (115a-118a)

O diálogo encerra-se com a narrativa dos últimos momentos de Sócrates com vida. Platão retrata um Sócrates calmo e bem-humorado nestes minutos finais. Quando Críton pede-lhe que diga quais instruções quer deixar aos amigos e filhos, Sócrates recomenda o cuidado de si, cujos efeitos beneficiarão a ele e aos seus. Já quando o amigo lhe pergunta como deseja que seu funeral seja preparado, o filósofo menciona o argumento da imortalidade e diz que a preocupação de Críton com estes preparativos revela que este ainda não se convenceu de que Sócrates não é *seu* corpo, mas *sua* alma. Este comentário de Sócrates exprime, mais uma vez, o propósito de Platão nesta obra e na filosofia: os argumentos se oferecem como ideias para alimentar a alma sobre temas que podem orientar melhor suas ações e discursos (cf. 115e). As preocupações de Críton, naturalmente, são legítimas, pois ele está prestes a perder um amigo e quer honrá-lo em todos os aspectos. Mas Sócrates lembra-lhe que o que desenvolveu com ele e com os outros, no curso da conversa, serve de conforto: Sócrates não *termina* ali, pois parte para outro lugar, ideia que pode aliviar a dor dos que logo verão esse momento.

Sócrates encaminha-se ao banho, enquanto os discípulos conversam entre si. Depois, dedica um tempo, o derradeiro, aos filhos, às mulheres da família e aos amigos. Em seguida, o representante dos Onze chega, diz algumas palavras sobre as qualidades de Sócrates e anuncia que o momento de beber o veneno chegou. Ao ver o homem sair chorando, Sócrates comenta como ficara impressionado com sua cortesia no tempo em que esteve na prisão. Na sequência, solicita que o veneno seja trazido. Neste momento, Críton pede que Sócrates espere um pouco mais, observando que ainda não se deu o pôr do sol e que muitas pessoas retardam o momento de beber para terem um último prazer em vida. Como era de se esperar, Sócrates recusa, dizendo que não vê sentido, para si, neste prolongamento.

O veneno é trazido. Sócrates bebe-o com altivez e complacência e todos desabam em choro. Platão narra com sobriedade, mas sem muitos detalhes, o que se passa no corpo de Sócrates, desde os passos que deu, após beber o veneno, até o momento em que se deita para alguém examiná-lo e acompanhar os efeitos do veneno. No fim, antes de seu suspiro final, Sócrates lembra a Críton que deve um galo a Asclépio.

3. Agradecimentos

A tradução de um texto antigo é sempre uma interpretação que pode ou bem ser revisada para melhor, ou bem conviver com alternativas, sem prejuízo para suas opções. No longo tempo de gestação deste trabalho, tivemos oportunidade de apresentar algumas seções a colegas pesquisadores de filosofia antiga que, generosamente, nos mostraram como é necessário conceber a tradução como um contínuo *"work in progress"*. Agradecemos, em especial, a Lucas Angioni, Breno Zuppolini, Felipe Weinmann, Gustavo Bianchi, Wellington Damasceno e José Baracat Júnior pelo apoio e sugestões. Nenhum deles, porém, tem responsabilidade nos erros ou omissões a alternativas mais adequadas. Agradeço também a João Batista Kreuch, pela paciência em acolher tantos pedidos de extensão de prazo de entrega desta versão.

Goiânia, agosto de 2021.

Fédon
(ΦΑΙΔΩΝ)[1]

[57a] Equécrates[2] – Tu mesmo estiveste com Sócrates, Fédon, no dia em que ele tomou o veneno na prisão, ou ouviste de outra pessoa?

Fédon[3] – Eu mesmo.

Equécrates – Então o que, aproximadamente, o homem disse diante da morte? E como foi seu fim?[4] Eu ouviria com prazer. Pois, de fato, dificilmente algum dos concidadãos de Fliunte visita Atenas nestes dias e faz tempo que nenhum estrangeiro vem de lá [57b], alguém que pudesse nos informar algo de claro sobre essas coisas, além da informação de que Sócrates morreu depois de ter bebido o veneno. Não foram capazes de nos falar nada mais.

[58a] Fédon – Nem o julgamento, então, ficastes sabendo como foi?

Equécrates – Sim, alguém nos informou sobre isso e ficamos surpresos que, tendo o julgamento ocorrido há bastante tempo, Sócrates morreu, evidentemente, muito depois. Por que foi assim, Fédon?

Fédon – Foi um golpe do acaso, Equécrates. Pois, na véspera do julgamento, por acaso, a popa do navio que os atenienses enviam a Delos foi coroada.

Equécrates – Que navio é esse?

Fédon – Segundo dizem os atenienses, é o navio no qual Teseu certa vez partiu para Creta [58b] transportando os famosos "duas vezes sete" e com o qual os salvou e salvou-se ele próprio. Com efeito, segundo o relato, à época, os atenienses fizeram um voto a Apolo de que, se aqueles jovens fossem salvos, iriam enviar, todo ano, uma missão sagrada a Delos – a mesma que têm sempre enviado ao deus, desde aquele tempo, anualmente, e ainda o fazem hoje. Pois bem, assim que iniciam a missão, eles seguem uma lei de que a cidade deve manter-se pura durante esse período, e por isso nenhuma execução em nome do povo deve acontecer antes que o navio tenha chegado em Delos e voltado a Atenas – o que, às vezes, leva um longo tempo, quando são pegos por ventos contrários. A missão começa quando **[58c]** o sacerdote de Apolo coroa a popa do navio – fato que tinha acontecido por sorte, como eu disse, no dia anterior ao julgamento. Foi por isso que Sócrates passou um longo tempo na prisão entre o julgamento e a morte.

Equécrates – E quanto às circunstâncias da própria morte, Fédon? Quais foram as palavras e os atos? E quais dos seus amigos mais próximos estavam junto dele? Ou os magistrados não lhes permitiram a presença, de modo que morreu sem amigos?

[58d] Fédon – De forma alguma! Alguns estavam com ele – muitos, na verdade!

Equécrates – Então esforça-te para nos informar, o mais claro que puderes, sobre todas essas palavras e atos, se não estais ocupado agora.

Fédon – Sim, tenho tempo livre e tentarei expor-vos. Pois, de fato, rememorar Sócrates, seja falando dele ou ouvindo de outra pessoa, para mim pelo menos, é sempre o maior dos prazeres.

Equécrates – Com certeza, Fédon! Tens aqui outros que vão ouvir com o mesmo prazer. Mas tenta nos expor tudo com a maior acurácia de que és capaz.

[58e] Fédon – Pois bem: tive experiências maravilhosas enquanto estive lá. Sequer tive pena, como a que se esperaria quando se está presente à morte de um amigo. É que o homem me parecia feliz, Equécrates, tanto no seu modo como nas palavras – e como encontrou seu fim destemida e valorosamente! De forma que me veio à mente que, mesmo indo ao Hades, não iria sem a proteção divina e, uma vez que lá chegasse, se há alguém que se daria bem lá seria ele. Por causa disso não senti qualquer pena **[59a]** – como seria razoável esperar de alguém que assiste a um sofrimento – e também nenhum prazer por estarmos ocupados com a filosofia – como nos acostumáramos, pois, de fato, as conversas eram desse gênero. Na verdade, simplesmente um sentimento desconcertante me invadiu, uma peculiar mistura de prazer e dor combinados, quando eu pensava que Sócrates imediatamente se depararia com seu fim. Todos os presentes estávamos praticamente no mesmo estado: num momento rindo, algumas vezes chorando, e um de nós particularmente: Apolodoro[5] – suponho que conheces o homem e seu **[59b]** jeito.

Equécrates – Sim, como não!?

Fédon – Pois é, ele estava bem assim e eu mesmo me perturbara, assim como os demais.

Equécrates – E quem eram os que estavam lá, Fédon?

Fédon – Dentre os locais, havia justamente este Apolodoro, além de Critóbulo e seu pai[6], e ainda Hermógenes, Epígenes, Ésquines e Antístenes. Estavam também Ctesipo de Peânia, Menexeno e alguns outros do local. Platão[7] estava doente, creio.

Equécrates – Havia estrangeiros presentes?

[59c] Fédon – Sim, Símias de Tebas, junto com Cebes[8] e Fedontes. De Mégara, estavam ainda Euclides e Térpsion[9].

Equécrates – Oh... e estavam presentes Aristipo e Cleômbroto?

Fédon – Não, com certeza. Dizia-se andarem por Egina.

Equécrates – E quem mais lá se encontrava?

Fédon – Creio que estes eram, mais ou menos, os que lá estavam.

Equécrates – Muito bem! Dize-me: que discussões houve lá?

[10]Fédon – Vou esforçar-me para relatar-te tudo em detalhes, desde o começo. Pois bem, tínhamos nos habituados a visitar **[59d]** Sócrates regularmente, sobretudo nos dias antecedentes, tanto eu como os demais. Reuníamo-nos cedo no tribunal onde o próprio julgamento tinha ocorrido, uma vez que ficava próximo à prisão[11]. Assim, esperávamos todo dia até que a prisão se abrisse, passando o tempo conversando entre nós, já que ela não era aberta nas primeiras horas do dia. Mas sempre que se abria, íamos para junto de Sócrates e normalmente passávamos o dia com ele. Nessa ocasião particular nos reunimos mais cedo, pois, quando deixamos a prisão na tarde anterior, **[59e]** soubemos que o navio tinha chegado de Delos. Exortamos então uns aos outros a virmos o mais cedo que pudéssemos ao local de costume. Chegamos, e o guarda, que normalmente nos deixava entrar, disse-nos para esperarmos e não avançarmos até que ele mesmo desse a ordem: "Os Onze"[12], disse, "estão desacorrentando Sócrates e informando-lhe que deve morrer hoje". Mas, após não muito tempo de espera, ele voltou e nos disse para entrarmos. Assim, entramos e ao fazê-lo pegamos Sócrates recém-liberto e Xantipa **[60a]** – a conheces, presumo – segurando o filho de Sócrates[13], sentada ao lado dele. Quando Xantipa nos viu, soltou um grito de lamento e disse algumas coisas do tipo que as mulheres costumam dizer: "Ah Sócrates, é mesmo a última vez que teus amigos vão dirigir-te a palavra e tu a eles!" Só-

crates olhou para Críton e disse: "Críton, que alguém a leve para casa!"

Enquanto era levada embora por um dos homens de Críton, gritava alto e se lamentava. Quanto a Sócrates, sentou-se em seu divã **[60b]**, esticou a perna e esfregou-a com a mão. E, enquanto fazia isso, disse: "que coisa estranha parece ser, meus amigos, isso que as pessoas chamam 'prazer'! E que espantosa relação natural ele tem com o que se assemelha ser seu contrário, a 'dor'! De um lado[14], ambos se recusam a estar presentes simultaneamente numa pessoa, mas, se alguém persegue um e o alcança, é praticamente forçado a sempre agarrar também o outro, como se, sendo duas coisas **[60c]**, fossem, no entanto, ligados pela mesma cabeça. E acredito", disse, "que se Esopo[15] tivesse refletido sobre ambos, teria composto um mito[16]: que o deus, querendo reconciliar a disputa entre eles e não o sendo capaz, atou-os por suas cabeças no mesmo lugar. E é por isso que se um deles apresenta-se para alguém, o outro também vem na sequência. É justamente como de fato parece estar ocorrendo em meu caso também: uma vez que a dor estava em minha perna por causa do grilhão, o prazer parece tê-lo seguido".

Então Cebes, intervindo, disse: "Por Zeus, Sócrates, fizeste bem em lembrar-me! Pois, acerca daqueles teus poemas, aqueles que tu compuseste ao versificar as fábulas de **[60d]** Esopo, com o proêmio a Apolo[17], pois bem: alguns outros já me perguntaram sobre eles – mas em especial Eveno[18], anteontem, perguntou-me o que afinal tu tinhas em mente ao compô-los quando vieste para cá, dado que jamais compuseste poesia antes. Então, se tens qualquer preocupação sobre eu ser capaz de responder a Eveno quando ele me perguntar novamente – e sei bem que o fará –, diz-me o que devo falar!"

"Bem, dize-lhe a verdade, Cebes", falou, "que os compus não porque quis rivalizar **[60e]** com ele e com seus poemas, pois eu sabia que isso não seria fácil, mas que tentava entender o que certos sonhos diziam e porque queria cumprir o meu dever, no caso de ser essa a música[19] que me ordenavam compor. Eram deste teor: em vários momentos da minha vida, no passado, o mesmo sonho costumava visitar-me, algumas vezes em uma visão, outras vezes em outra, sempre me dizendo as mesmas coisas. "Sócrates", dizia, "compõe música e dedica-te a ela!" No começo, ao menos, eu supunha que o sonho me exortava a fazer justo isso que eu fazia e **[61a]** me encorajava a continuar, como os que exortam os corredores, e que o sonho estava me exortando desse modo a fazer exatamente o que eu estava fazendo, compondo música, já que a filosofia é a mais elevada música[20] e que era isso que eu fazia. Mas agora que o julgamento terminou e a celebração do deus está impedindo-me de morrer, pareceu-me imperioso, se é mesmo o caso de que o sonho me instruía a compor essa música vulgar[21], que eu não devia desobedecer-lhe, mas compô-la; e que era mais seguro, assim, não partir antes que tivesse cumprido meu dever de compor poemas, em obediência[22] ao sonho. **[61b]** Foi dessa forma, então, que primeiro compus um poema ao deus[23] cujo festival à época ocorria. Depois de tê-lo feito, contudo, refleti que o poeta, se há mesmo de ser um poeta, devia compor fábulas e não argumentos[24]. E como eu não era um fabulista[25], tomei algumas fábulas que tinha à mão e conhecia de cor, as de Esopo, e fiz composições a partir das que me vinham à mente primeiro[26]. Portanto, diz a Eveno essas coisas, que fique bem e que, se tiver bom senso, que venha no meu encalço o mais depressa que puder! **[61c]** Partirei hoje, parece, pois os atenienses o ordenam."

Ao que Símias disse: "Que coisa isto que estás exortando Eveno a fazer, Sócrates! Eu já o encontrei muitas vezes e, pelo que notei, estou seguro de que não há a mínima chance de ele se dispor a ouvir-te.

"O quê?!", disse, "Eveno não é filósofo?"

"A mim ele parece ser", disse Símias.

"Nesse caso, Eveno estará disposto a ouvir-me, ele e qualquer um que dignamente toma parte nessa atividade[27]. Contudo, talvez ele não empregue força contra si mesmo, pois dizem que isso não é correto"[28]. Enquanto dizia isso colocou suas pernas [61d] no chão[29] e passou o resto da conversa sentado nessa posição.

Cebes então o questionou: "O que queres dizer com isso, Sócrates, que não é permitido cometer violência contra si mesmo, mas que o filósofo deve estar disposto a seguir alguém que está morrendo?"

"Como, Cebes? Tu e Símias não ouvistes acerca de tais assuntos quando frequentastes Filolau?"[30]

"Sim, porém nada claro, Sócrates."

"Mas sem dúvida eu também falo sobre tais coisas a partir do que ouvi. Por isso me ocorre de não ter má vontade em falar sobre o que me chega ao ouvidos. Além disso, é particularmente apropriado, a quem está prestes a fazer uma jornada para lá[31], examinar e criar fábulas sobre o que imaginamos que seja a estadia [61e] nesse lugar, pois, de resto, o que mais poderia alguém fazer no tempo que temos até o pôr do sol?"[32]

"Mas por que, afinal, eles dizem que não é permitido a alguém matar a si mesmo, Sócrates? Pois, respondendo à questão que fizeste há pouco, eu já ouvi sim de Filolau, quando vivia conosco, e não só dele, mas de outros também, que não se deve fazer isso. Algo claro sobre esses temas, contudo, jamais ouvi de ninguém."

"[62a] "Pois bem, é necessário esforçar-te ardorosamente", disse, "e talvez, assim, possas ouvir algo claro. Contudo, talvez parecer-te-á surpreendente se unicamente isso, entre todas as outras coisas, é simples: que nunca ocorre, como em outros assuntos, que algumas vezes e para algumas pessoas é melhor para o homem[33] estar morto do que viver.[34] Quanto àqueles para os quais é melhor estar morto, igualmente te parecerá surpreendente se a tais homens não for correto eles próprios fazerem um bem a si mesmos, mas deverem esperar por algum outro benfeitor."[35]

Cebes riu gentilmente e disse "Que Zeus seja minha testemunha!", falando seu próprio dialeto.[36]

"Sim, poderia parecer irracional", disse Sócrates, "pelo menos se colocado **[62b]** dessa maneira. No entanto, talvez isso tenha alguma razoabilidade. De um lado, o que é dito em segredo[37] sobre tais assuntos, que os seres humanos estão numa espécie de prisão da qual o indivíduo não consegue se soltar e tampouco evadir-se, parece-me algo grandioso e difícil de ser discernido profundamente. Mas, por outro lado, isso pelo menos me parece, Cebes, bem dito: que os deuses são os que cuidam de nós e que nós seres humanos somos uma parte de suas posses. Ou não pensas assim?"

"Eu? Sim", disse Cebes.

[62c] "Bem, então" ele disse, "se um de tuas posses, teu escravo, fosse matar a si mesmo sem que tu tivesses indicado que o desejas morto, não ficarias furioso com ele e, se houvesse à tua disposição algum meio de fazê-lo, não o punirias?"

"Certamente", ele disse.

"Provavelmente, portanto, nesse sentido não é irracional que alguém não deva matar a si próprio antes que o deus lhe envie alguma necessidade, como a que agora se apresenta a nós".[38]

"Bem, isso, ao menos, parece provável", disse Cebes, "mas há pouco disseste que os filósofos deveriam sem resistência se disporem a morrer; isso se afigura, Sócrates, estranho, **[62d]**, se de fato o que dissemos há pouco possui razoabilidade: que o deus é quem cuida de nós e que somos sua propriedade. Pois os mais inteligentes não se zangarem de abandonar o serviço a eles prestado – no qual são supervisionados pelos melhores supervisores que existem, os deuses – não faz sentido. Pois não suponho que essa pessoa imagine que cuidará melhor de si mesma tendo se libertado. O néscio, contudo, talvez acredite nisso: que deve escapar de seu mestre. Ele não raciocinaria que não deve fugir **[62e]** do bom mestre, mas fazer o melhor que puder para permanecer junto dele. E assim, dada essa falta de razão, ele fugiria. Mas o indivíduo de inteligência certamente iria sempre desejar estar ao lado de alguém melhor do que si mesmo. Sendo assim, Sócrates, é provável ser o contrário do que acaba de ser dito: é adequado que os inteligentes devam se ressentir na morte e os insensatos se regozijar."

[63a] Ouvindo isso, Sócrates me pareceu ter se deliciado com a diligência de Cebes. Voltando seu olhar para nós, disse: "Como veem, Cebes sempre esmiúça um argumento ou outro e de modo algum se dispõe a ser persuadido diretamente acerca do que qualquer pessoa diz".

E Símias disse: "Mas digo-te, Sócrates, que desta vez me parece que Cebes está dizendo algo com sentido. Pois, por que homens realmente sábios iriam tentar escapar de mestres melhores que si mesmos e sem resistência livrarem-se deles? Penso que Cebes dirige seu argumento a ti, dado que suportas tão facilmente tua partida para longe de nós e daqueles bons governantes, como tu mesmo reconheces que os deuses o são."

[63b] "É justo", disse, "o que falais: entendo que estais dizendo que devo defender-me em resposta a estas questões como se estivesse no tribunal."

"Precisamente isso!", disse Símias.

"Vamos lá, então", ele disse, "deixe-me tentar defender-me mais persuasivamente perante vós do que o fiz com os juízes. Pois bem, Símias e Cebes", ele disse, "se eu não acreditasse que devo entrar na presença, primeiro, de outros[39] deuses sábios e bons, e depois de homens que morreram e que são melhores do que os daqui, estaria errando ao não me revoltar com a morte. No atual estado de coisas, contudo, asseguro-vos que espero me juntar à companhia de homens que são bons. Eu não insistiria nisso **[63c]** sob qualquer condição, mas, no que concerne à entrada para a companhia de deuses que são absolutamente bons mestres, esteja certo de que, se há algo nesses assuntos sobre o qual eu insistiria, é nesse ponto. É por isso que não estou tão revoltado como o deveria. Ao contrário, espero realmente que exista algo para os mortos, como tem sido a crença há tempos, algo muito melhor para os bons do que para os maus".

"Pois bem, Sócrates", disse Símias, "Pretendes partir mantendo esse pensamento[40] contigo mesmo ou irás dividi-lo conosco também? Pois me parece que isso é um bem comum a nós também. **[63d]** E, ao mesmo tempo, tendo que nos convencer sobre o que estás dizendo, tu terás tua defesa."

"Claro, vou tentar", disse. Mas antes examinemos o que é que nosso Críton aqui está querendo dizer, penso que já por um longo tempo".

"E o que mais seria", disse Críton, "senão que o homem que deve te dar o veneno está a me dizer há bastante tempo que devo te alertar para não falares muito. Ele diz que a temperatura sobe durante as conversações e isso não deve ocorrer a quem está prestes a tomar o veneno. De outra forma, as pessoas a quem isso ocorre são forçadas a tomar duas ou mesmo três doses." **[63e]**

"Ah, ignore-o!", disse Sócrates. "Apenas deixa-o, de sua parte, preparar de modo a fornecer duas ou mesmo três doses se necessário!"

"Sim, eu bem sabia que dirias isso", disse Críton, "é que ele tem estado importunando-me já há algum tempo".

[41]"Deixa-o", disse, "mas a vós, meus juízes, quero agora dar a explicação que vos devo, sobre o quão razoável me parece um homem que consumiu genuinamente a vida na filosofia ter confiança quando está para morrer e ser esperançoso de que lá[42] irá amealhar **[64a]** grandiosos bens, uma vez chegado seu fim. Assim, vou tentar contar-vos, caros Símias e Cebes, como isso poderia ser.

Pois bem, provavelmente o resto da humanidade não percebe que os que corretamente se engajam na filosofia deliberadamente praticam nada mais do que o morrer e o estar morto[43]. Se tal é verdade, seria, presumivelmente, estranho terem a morte como única meta a qual se dedicam em sua vida inteira, mas, quando ela efetivamente chega, eles se ressentirem por isso que há tanto tempo têm ardorosamente perseguido."

Símias riu nesse momento e disse: "Por Zeus, Sócrates, fizeste-me rir, apesar de **[64b]** eu realmente não me sentir muito disposto a fazê-lo até aqui. Acredito que a maioria das pessoas, ao ouvirem esse ponto, pensaria que foi bem dito em relação aos filósofos – e nossos conterrâneos[44] vão concordar inteiramente – que os que perseguem a filosofia são realmente moribundos[45]. Aqueles são conscientes de que tais pessoas de fato são merecedoras disso".

"Sim, e estariam falando a verdade, Símias, exceto pela afirmação de que estão eles mesmos conscientes – pois eles não estão conscientes sobre o que significa os verdadeiros filósofos **[64c]** serem moribundos e dignos da morte, bem como sobre o sentido de morte em questão. Falemos entre nós", disse, "e dêmos deus àqueles. Acreditamos que a morte é algo?".[46]

"Com certeza!", respondeu Símias.

"E acreditamos que ela não é nada mais do que a separação da alma do corpo?[47] E que estar morto é isso: para o corpo, o vir a ser ele mesmo de acordo com si mesmo, à parte e separado da alma, e para a alma o vir a ser ela mesma de acordo com si mesma, à parte e separada do corpo? Pode a morte ser algo distinto disso?"

"Não. A morte é isso."

"Examina, então, meu caro, se é possível que também tu concordes comigo: pois a partir destes pontos **[64d]**, acredito, iremos obter maior entendimento dos tópicos que estamos a investigar. Parece-te ser típico de um filósofo estar muito interessado nisto que se chama 'prazeres', tais como os da comida e bebida?"

"Quase nada, Sócrates", disse Símias.

"E quanto àqueles do sexo?"

"De jeito nenhum!"

"E todos os demais cuidados relativos ao corpo? Tu és de opinião que um indivíduo desta espécie os põe em alta conta? Por exemplo, nas aquisições de mantos e calçados chiques, e outros adornamentos relativos ao corpo: tu crês que ele os valoriza ou, ao contrário, os despreza, exceto nos casos em que é-lhe absolutamente necessário ocupar-se com tais coisas?"[48] **[64e]**

"Que os despreza, a meu ver", ele disse, "pelo menos se é verdadeiramente filósofo."

"Então, em síntese, tu pensas", ele disse, "que a ocupação de um tal homem não é com o corpo, mas que, o quanto lhe é possível, ele se mantém afastado do corpo e voltado à alma?"

"Eu penso."

"Assim, para começar, não é claro que, em casos como esse, o filósofo libera a alma o máximo possível da associação com o corpo, distinguindo-se de todos os demais homens **[65a]**?"

"É o que parece".

"E suponho, Símias, que às pessoas comuns parece que não vale a pena estar vivo quem não sente nenhum prazer em tais coisas e nem participa delas. Pensam que se aproxima muito de um estado de morte quem não dá atenção alguma aos prazeres cuja existência se dá por meio do corpo."

"Tens a mais completa razão."

"Mas e quanto à aquisição da própria sabedoria? É o corpo um impedimento ou não, supondo que alguém o convidasse como parceiro **[65b]** em sua investigação? Refiro-me a questões desta espécie: visão e audição oferecem às pessoas alguma verdade? Ou, no mínimo, não estão os poetas[49] sempre nos repisando tais coisas: que não ouvimos nem vemos nada de modo preciso? E, por certo, se estas sensações localizadas no corpo[50] não são nem precisas nem claras, dificilmente o serão as outras, pois, penso, estas são inferiores àquelas. Tu concordas?"

"Concordo plenamente", disse.

"Então", ele disse, "em que momento a alma apreende a verdade? Pois sempre que ela tenta examinar algo com a ajuda do corpo, é evidente que nestas ocasiões é completamente enganada por ele."

[65c] "Dizes a verdade".

"Então não é no raciocínio – se em algum lugar – que qualquer das coisas que possuem ser[51] torna-se claro a ela?"

"Sim".

"Certo, e ela raciocina melhor, suponho, se nenhum destes sentidos a aflige, seja audição, visão ou dor, nem alguma forma de prazer, mas quando o máximo que pode se torna independente por si mesma, dispensa o corpo e, na medida de suas forças, não se associa nem tem contato com ele quando estende-se na direção do ser."[52]

"É isso."

"E neste caso também a alma do filósofo desvaloriza **[65d]** sobremaneira o corpo e foge dele, buscando então tornar-se independente em si mesma?"

"Parece".

"E quanto a isto que segue, Símias? Afirmamos que o justo em si é algo ou que não há nada disso?"[53]

"Sem dúvida que sim, por Zeus!"

"Sim[54], e algo belo, e bom?"

"Como não o haveria?

"E por acaso já viste qualquer destas coisas com teus olhos?

"De modo algum", disse.

"Ou as apreendeste com algum outro sentido dentre os que operam pelo corpo? Estou me referindo a todas: grandeza, saúde, força e, numa palavra, sobre a essência[55] destas e de todas as demais, o que cada uma realmente é. É por meio do corpo que o que é mais verdadeiro é observado nelas? **[65e]** Ou, antes, se dá desta forma: quem entre nós treinar a si mesmo muitíssimo, e com grande precisão, no pensar sobre cada item de sua investigação como um objeto em si, tal pessoa não chegará muito perto de conhecer cada um?"

"Com toda certeza!"

"E o homem que teria feito isso de modo mais puro não seria quem, o máximo que pôde, utilizou seu pensamento para acessar cada coisa, não pondo a visão a serviço de seu pensamento e nem arrastando de forma alguma qualquer outra sensação para junto de seu raciocínio, mas, usando **[66a]** seu pensamento em si mesmo e sem mescla, põe a mão na massa na caça a cada um dos seres em si e sem mescla, separado o máximo que ele pode de olhos, ouvidos e, por assim de dizer, de todo o seu corpo, dado que este agita sua alma, não a deixando, quando associado a ela, apreender a verdade e a sabedoria? Acaso não é este indivíduo, Símias, quem atingirá o que é real, caso alguém possa fazê-lo?

"Isso é imensamente verdadeiro, Sócrates!", disse Símias.

"Então, considerando tudo isso", disse, "não é necessário que este tipo de opinião ocorra **[66b]** aos genuinamente filósofos, de forma a fazê-los conversarem entre si nestes termos: *saibas que há provavelmente como que uma vereda que nos afasta, nós e nossa razão*[56]*, da investigação: na medida em que mantemos o corpo e nossa alma é contaminada pelos males corporais, não iremos jamais adquirir adequadamente o que desejamos, isto é, a verdade. Pois o corpo ocupa nossa atenção de incontáveis formas por causa dos alimentos de que precisa.* **[66c]** *Além disso, se certas doenças caíssem sobre ele, elas impediriam nossa caça ao que é. O corpo está repleto de amores, desejos, temores e fantasias de todo tipo, de tal forma que realmente e verdadeiramente, como se diz, não nos é possível, sob sua tutela, até mesmo pensar sobre qualquer coisa em qualquer momento. Pois, de fato, é o corpo e seus desejos, e nenhum outro, o que dá ensejo a guerras, rebeliões e conflitos. Todas as guerras surgem por causa da posse de bens, mas é o corpo que nos compele a obter os bens,* **[66d]** *escravos que somos de tudo o que envolve seus cuidados. É graças ao corpo que, por todas estas razões, não dedicamos tempo à filosofia. E o pior de tudo é que mesmo que obtenhamos algum descanso do corpo e nos voltemos ao exame de algo, em nossas investigações ele novamente precipita-se em todo lugar, provoca barulho e confusão, perturba-nos, de modo que por causa dele não somos capazes de discernir a verdade. Mas de fato foi mostrado a nós que se porventura quisermos conhecer algo de modo puro, precisamos livrarmo-nos do corpo e ver as coisas por elas mesmas com a alma por ela mesma.* **[66e]** *E nesse momento, como parece, nós teremos o que desejamos e do qual afirmamos ser amantes, o saber: quando estivermos mortos, como o argumento indica, e não enquanto* *estamos vivos. Pois se não é possível conhecer nada de modo puro na companhia do corpo, uma destas duas alternativas será o caso: ou não se pode adquirir conhecimento em parte alguma ou ele é para quando tivermos morrido. Pois é nesse momento que a alma estará em si e por si,* **[67a]** *separada do corpo, ao passo que antes disso não estará. E no tempo em que estivermos vivos, parece que estaremos mais perto do conhecimento se, o máximo que pudermos, não convivermos com o corpo e nem tivermos qualquer associação com ele, exceto quando absolutamente necessário, e se não estivermos infectados por sua natureza, mas purificados dele, até que o próprio deus nos liberte. E se nos mantivermos puros dessa forma, por estarmos separados da insensatez do corpo, com muita probabilidade estaremos com outros que são puros e conheceremos, por meio do nosso próprio eu, tudo o que é sem mescla, o que equivale, talvez, à verdade* **[67b]**. *Pois talvez não seja permitido a alguém impuro*[57] *apreender algo puro.* Penso que estas são as coisas, Símias, sobre as quais todos os verdadeiramente amantes do saber devem conversar entre si e opinar. Ou não pensas assim?"

"Sim, mais do que qualquer coisa".

"Então", disse Sócrates, "se tudo isso é verdadeiro, amigo, há muita esperança, para quem chegou aonde estou indo, de que, se há algum lugar, é ali que iremos obter mais apropriadamente isto pelo qual temos nos empenhado em nossa vida inteira. E, assim, a jornada que me foi agora designada se faz acompanhada de boa esperança **[67c]**, o que se estende também a qualquer outro homem que julgue que sua mente foi preparada, como se fosse purificada."

"Com toda certeza", disse Símias

"E purificação não resulta ser isto – precisamente o que venho dizendo por algum tempo em minha exposição[58] – a saber: o separar[59] a alma do corpo, o máximo possível, e habituá-la a reunir-se e recolher-se e si e de acordo com si mesma, distante de cada parte do corpo, e viver sozinha de acordo com si mesma o quanto puder, no presente e no futuro, liberta do corpo **[67d]** como de atilhos?"

"Com toda certeza!", disse.

"Então, é *isso* que é nomeado 'morte': a liberação e separação da alma *do* corpo?"

"Sim, absolutamente isso!", disse.

"E libertá-la, conforme sustentamos, não é algo sempre desejado ardorosamente sobretudo pelos que amam o saber – ou antes, unicamente por eles –, e a prática dos filósofos não é esta: libertação e separação da alma do corpo? Ou não é?"

"Parece ser".

"Então, como eu dizia no começo[60], não seria ridículo que um homem que está preparando a si mesmo **[67e]** em sua vida, por estar o mais próximo possível do morrer e por viver dessa maneira, venha a se perturbar quando isto chega para ele?"

"Seria ridículo, com certeza!"

"O fato, Símias," disse, "é que os que realmente amam a sabedoria praticam o morrer[61] e a morte lhes é menos do que o é a todos os demais homens. Do ponto de vista destas considerações, veja o seguinte. Se tais pessoas estão em conflito com o corpo em qualquer aspecto e desejam que sua alma se mantenha por si mesma, mas sentem temor e perturbação quando a morte lhes sobrevém, isso não seria muita irracionalidade? Quero dizer: se não **[68a]** estivessem satisfeitos por irem ao lugar onde, ao chegarem, têm a esperança de obter isto que por toda a vida desejaram, a sabedoria, e se livrarem da companhia daquilo com o qual estavam em conflito. Ou ainda: com a morte de amados, esposas e filhos humanos, muitas pessoas consentem de bom grado em persegui-los até o Hades, na expectativa de que lá verão os entes queridos e de que ficarão em sua companhia. Então, alguém que está realmente amando a sabedoria, e que firmemente apreendeu esta mesma expectativa de que em nenhum lugar, exceto no Hades, **[68b]** a encontrará numa forma digna de ser expressa, acaso irá revoltar-se com o morrer e ir para lá menos do que contente? Claramente deve-se dizer que não, ao menos se trata-se de um genuíno filósofo[62], meu amigo. Ele irá firmemente sustentar essa visão, de que em nenhum outro lugar terá um encontro puro com a sabedoria, exceto lá. E se isso se dá assim, como disse há pouco[63], não seria muita irracionalidade se uma pessoa como essa temesse a morte?"

"De fato, seria muita", disse.

"Então, quando vês um homem revoltar-se porque está prestes a morrer, é isso suficiente prova para ti de que não era um amante do saber, mas um tipo de amante do corpo? E suponho que o mesmo **[68c]** homem seja também um amante do dinheiro e amante da honra[64], seja uma delas ou ambas".

"É exatamente como dizes", disse.

"Então, Símias", disse, "não se segue também que o que é chamado pelo nome de 'coragem' pertence especialmente a pessoas que estão nesta disposição?"

"Claro, absolutamente", disse.

"A temperança também – o que mesmo a massa chama 'temperança', no que se refere aos apetites, não arder, mas manter desdém por eles e ter se comportado –, não é o caso que isso pertence exclusivamente aos que firmemente desdenham o corpo e passavam a vida na filosofia?"

"Necessariamente," disse. **[68d]**

"Sim, porque se te dispuseres", disse, "a pensar sobre a coragem e temperança de outros homens, te parecerá estranho".

"Como assim, Sócrates?"

"Sabes," disse, "que todas aquelas outras pessoas consideram que a morte está entre os grandes males?"

"Certamente", disse.

"É, então, devido ao medo de grandes males que os corajosos entre eles resistem à morte, em cada ocasião que o fazem?"

"É".

"Neste caso é por sentirem receio e medo que todos os homens, exceto os filósofos, são corajosos. Entretanto, é irracional, para dizer o mínimo, que medo e covardia devam tornar alguém corajoso."

"Com toda certeza." **[68e]**

"E quanto àqueles dentre eles que mantém sua compostura?[65] Não experimentaram a mesma coisa: certo tipo de intemperança os torna moderados? Por certo, apesar de dizermos que é impossível, igualmente no caso deles o que ocorre, relativamente a esta ingênua forma de moderação, resulta nisso: porque temem serem privados de outros prazeres, os quais desejam, abstêm-se de uns por estarem dominados por outros. Assim, embora chamem 'intemperança' **[69a]** o serem dirigidos por prazeres, o que lhes ocorre de fato é que governam certos prazeres porque são governados por outros. Isso guarda semelhança com o que dizíamos há pouco, isto é, terem se tornado, de alguma forma, temperantes pela intemperança."

"Sim, parece ser isso".

"Caro Símias, talvez esta não seja a troca correta no que concerne à virtude: a permuta de prazeres por prazeres, dores por dores e medo por medo – o maior pelo menor, como se fossem moedas –, mas aquela que sozinha é a moeda correta, pela qual se deve permutar tudo isso: a sabedoria. **[69b]** E cada coisa sendo comprada e vendida por isto ou, antes, acompanhada disto, realmente todas essas coisas – coragem, temperança e justiça – são, em suma, a verdadeira virtude acompanhada da sabedoria[66], não importando se prazeres e medos e tudo o mais desse tipo são acrescentados ou subtraídos. Mas apartadas da sabedoria e trocadas uma pela outra, este tipo de virtude é, talvez, uma espécie de vã aparência[67], realmente servil, com nada de sadio e nem de verdadeiro. Em verdade, temo que realmente a temperança, a justiça e a coragem sejam uma espécie de purificação de tudo isso e a própria sabedoria **[69c]** talvez um rito de purificação. E assim, parece que aqueles que estabeleceram para nós os ritos iniciáticos[68] não são tolos, mas realmente têm há muito tempo dito, em seu modo enigmático, que quem quer que chegue no Hades como não iniciado e não consagrado se deitará no lodo. Já o purificado e consagrado que lá chegar morará com os deuses. Pois de fato são, como dizem os envolvidos com aqueles ritos, "muitos os que carregam o tirso[69], mas poucos os iniciados". Estes são, **[69d]** segundo minha opinião, ninguém mais do que os que têm filosofado corretamente, dentre os quais de fato também me incluo por não ter deixado nada por fazer em minha vida inteira, nos limites do que pude, mas de toda forma apliquei-me com ardor para me tornar um. Se me apliquei adequadamente e alcançamos alguma coisa, nós saberemos a verdade plena uma vez lá chegados, se o Deus se dispuser, o que não deve demorar. Eu ofereço isso como minha defesa, Símias e Cebes, para mostrar que é razoável, dado que estou deixando-vos e também aos mestres daqui; que me conduza sem dificuldades ou ressentimento, visto que acredito **[69e]** que também lá, não menos do que aqui, encontrarei mestres e companheiros que são bons[70]. Assim, se pareço a vós mais persuasivo em qualquer aspecto dessa defesa do que o fui com os juízes atenienses, isso seria bom".

Depois que Sócrates expôs tais coisas, Cebes, tomando a palavra, disse: "Sócrates, de um lado, os demais pontos, a mim pelo menos, parecem belamente ditos, mas os que concernem à alma causam muita descrença entre [70a] as pessoas, pois estas temem que, uma vez que se aparte do corpo, a alma já não existe em lugar nenhum, mas se perde e se destrói no dia que o ser humano morre. E que, no instante mesmo em que é libertada do corpo e emerge para fora, voa em diferentes direções, dispersa como respiração ou fumaça, não existindo em lugar algum. Pois se, de fato, ela estivesse em algum lugar, reunida em si mesma e separada de todos esses males cujo relato acabas de fazer, grandiosa [70b] e bela seria a esperança, Sócrates, de que é verdade o que dizes. Mas este ponto efetivamente requer não pouca persuasão e prova, a saber: que, tendo o homem morrido, a alma existe, bem como tem algum poder e sabedoria."[71]

"O que dizes é verdade, Cebes", disse Sócrates. "Mas então o que faremos? Relativamente a tais questões em si mesmas, queres que continuemos conversando[72], a fim de ver se há ou não plausibilidade nelas?"

"De minha parte", disse Cebes, "com prazer ouviria qualquer opinião que tens sobre tais questões."

"Eu certamente não penso", disse Sócrates, "que qualquer um que agora nos ouve [70c], nem se fosse um poeta cômico[73], diria que tagarelo e faço discursos sobre coisas que não me dizem respeito. Se estais de acordo, devemos examinar o tema a fundo. Vamos considerá-lo então por este viés: se é o caso que as almas dos homens que morreram existem no Hades ou se não é o caso. Pois bem, há uma doutrina antiga, da qual nos recordamos, que diz que elas estão lá por terem chegado daqui e, além disso, que voltam para cá novamente e nascem[74] dos mortos. Agora, se isso se dá dessa forma – que os vivos são os que vêm a ser novamente dos que morreram – não é certo que nossas almas[75] existem lá? Pois, suponho, elas dificilmente poderiam vir a ser se não existissem. **[70d]** E assim, seria uma evidência suficiente de que isso é verdade[76] se realmente se tornasse claro que os vivos vêm a ser dos mortos e de nenhum outro lugar. Mas se tal não ocorre, algum outro argumento será necessário."

"Absolutamente", disse Cebes.

"Pois bem", ele disse, "se queres entender mais facilmente, não examines isso apenas em relação aos seres humanos, mas também em relação a todos os animais e plantas. Em suma, concernente a tudo o que tem um *vir a ser*[77], vejamos se veem a ser desta forma aqui: os opostos de nenhum lugar exceto de seus opostos **[70e]**, todos aos quais ocorre possuir certo tipo, como, por exemplo, o belo claramente é oposto ao feio, o justo ao injusto e de fato incontáveis outras coisas se apresentam assim. Examinemos, então, se tudo[78] o que possui certo oposto necessariamente vem a ser de seu oposto e de nenhum outro lugar. Por exemplo, quando algo se torna maior, suponho que necessariamente o é por ter sido pequeno antes e depois torna-se maior?"

"Sim".

"E no caso de se tornar menor, é por ter sido antes grande que depois se tornará menor?" **[71a]**

"É assim", disse.

"E certamente é do mais forte que surge o mais fraco e do mais lento o mais rápido?"

"Exatamente isso".

"E nestes casos: se algo se torna pior, não é por ter sido melhor? E se algo se torna mais justo, não é por ter sido injusto?"

"Claro".

"Então estamos satisfeitos sobre isso, que tudo[79] vem a ser desse modo, isto é, coisas opostas de coisas opostas?"[80]

"Exatamente".

"De outro lado, o que diremos do que segue. Há também algo desta espécie nos opostos: dois processos [71b] de vir a ser, entre todos os opostos, tomados como pares – sendo dois em cada caso –, do primeiro ao segundo e, conversamente, do segundo ao primeiro? Entre algo maior e algo menor, há crescimento e diminuição e, de acordo com isso, nós chamamos um de 'aumentar' e o outro de 'diminuir'."

"Sim", disse.

"E assim também 'separar-se' e 'juntar-se', 'esfriar-se' e 'aquecer-se', e em todos os casos como estes, mesmo se não usamos seus nomes em cada instância[81], ainda assim, para todos os efeitos, não deve ser assim em todas: que eles vêm a ser um do outro e que há um vir a ser[82] de cada um no outro?"

"Sim, de fato", disse.

[71c] "Pois bem", disse, "há um oposto ao estar vivo, como dormir é oposto ao estar consciente?"

"Absolutamente sim", disse.

"O que é?"

"Estar morto", disse.

"Então, se são opostos, estes vêm a ser um do outro, e as gerações[83] entre eles são duplas, uma vez que elas próprias são duas?"

"Sim"

"Pois bem", disse Sócrates, "vou falar-te sobre um dos pares de que falava há pouco, tanto do par como de suas gerações, enquanto tu me falas sobre o outro. Chamo a um 'estar acordado' e ao outro 'estar dormindo'. Do 'estar dormindo' vem a ser o 'estar acordado' e deste [71d] vem a ser o 'estar dormindo'. E os processos de geração destes dois são, de um lado, 'adormecer' e, de outro, 'despertar'. A ti isso é suficiente", disse, "ou não?"

"Com toda certeza, sim."

"Pois bem, agora tu me falas", ele disse, "sobre vida e morte no mesmo sentido. Não dizes que estar morto é o oposto de viver?"

"Digo."

"E que ambos veem a ser um do outro?"[84]

"Sim"

"E o que é que vem a ser do que está vivo?"

"O que está morto", disse.

"E o que", disse, "vem a ser do que está morto?"

"É necessário", disse, "estar de acordo que é o que está vivo".

"Assim, Cebes, não é o caso que, dos que estão mortos, vêm a ser tanto as coisas vivas quanto os seres humanos?

"Parece que sim", disse. **[71e]**

"Então nossas almas existem no Hades?"

"É provável."

"E nestas duas gerações há uma, pelo menos, que é óbvia, não? Pois morrer é, presumivelmente, óbvio[85], ou não é?"

"Com toda certeza", disse.

"Então o que faremos?", disse Sócrates. "Não equilibraremos com o processo oposto de vir a ser, mas será a natureza manca nesse aspecto? Ou devemos oferecer ao 'morrer' algum processo que lhe é oposto?"[86]

"Absolutamente, suponho."

"E o que será"?

"O voltar à vida."

"Então", disse Sócrates, "se é verdade que existe o 'voltar à vida', este retorno **[72a]** não seria um vir a ser de pessoas mortas a pessoas vivas?"

"Certamente."

"Está acordado para nós, então, neste aspecto também, que pessoas vivas vêm a ser dos mortos não menos do que os mortos dos vivos. E me parece que fomos de opinião que, este sendo o caso, haveria prova suficiente de que as almas dos mortos necessariamente existem em algum lugar, o lugar de onde elas nascem novamente."

"Penso, Sócrates", disse, "que, dado o que foi acordado, é necessário que isso seja assim."

"Agora observe por este aspecto, Cebes, que nem estávamos errados em nosso acordo, pelo menos é o que penso. Suponha que um conjunto não equilibrasse o outro **[72b]** por meio de seu vir a ser, girando como se estivesse em um círculo[87], mas o vir a ser fosse como numa linha reta, unicamente de um a seu oposto direto, sem recurvar-se novamente ao primeiro ou fazer a volta. Tu percebes que tudo iria no fim ter a mesma forma, experimentaria a mesma paixão e sustaria o vir a ser?"

"O que queres dizer?", disse.

"Não é difícil", disse Sócrates, "compreender o que digo. Por exemplo, se houvesse o 'adormecer', mas o 'acordar' não o equilibrasse, vindo a ser do estar adormecido, percebes que no fim **[72c]** tudo faria o caso de Endimião[88] parecer bobagem: ele estaria em lugar algum para ser visto, uma vez que o mesmo processo – o adormecer – teria se tornado a condição de todas as demais coisas. Além disso, se tudo viesse a unir-se, o que diz Anaxágoras rapidamente teria se tornado fato: *todas as coisas juntas*[89]. Semelhantemente também, meu caro Cebes, se tudo o que participou da vida viesse a morrer e se, uma vez mortas, todas as coisas mortas permanecessem nessa forma, sem reviverem novamente, não seria absoluta a necessidade de no fim tudo estar morto e nada viver? **[72d]** Pois, se as coisas vivas vêm a ser de outras coisas vivas, e se o que é vivo morre, por qual meio se evitaria que tudo no fim fosse consumido na morte?"

"Não há nenhum, Sócrates", disse Cebes "e em minha opinião o que dizes é perfeitamente verdadeiro".

"Isso é de fato, Cebes, como penso, mais verdadeiro do que qualquer outra coisa. Assim, não estamos enganados em concordar sobre tais temas, mas estes pontos são realmente o caso: o voltar à vida, pessoas vivas vindo a ser dos mortos e as almas dos mortos existindo.[90]"

"Além disso, Sócrates", Cebes retomou, "de acordo com aquele **[72e]** argumento[91], se verdadeiro, que tu costumas frequentemente relatar, tanto é o caso que nosso aprendizado ocorre de ser nada mais do que reminiscência, quanto, dado o argumento, é necessário, penso, que tenhamos aprendido em algum tempo anterior as coisas que nós rememoramos agora. Mas isso seria impossível se nossa alma não existiu em algum lugar antes **[73a]** de vir a ser nesta forma humana. Assim, também por essa via a alma parece uma coisa imortal."

"Mas Cebes," replicou Símias, "quais as provas disto? "Recorda-me, pois no presente momento não me lembro exatamente".

"É por um argumento excepcional que isso vem", disse Cebes, "quando as pessoas são interrogadas, contanto que alguém as questione adequadamente, dizem por si mesmas tudo tal como é e, contudo, se conhecimento e explicação correta não estivesse atualmente nelas, não estariam em condições de fazer isso. Neste caso[92], se alguém os guia com diagramas[93] ou outro recurso desse tipo, **[73b]** é nesta condição que prova muito claramente que as coisas são assim."

"Caso não estejas persuadido por essa forma, Símias", disse Sócrates, "vê se, conduzindo o exame por este caminho que te mostrarei, terás a mesma opinião que a minha. Pois estais, de fato, incrédulo sobre como o chamado 'aprendizado' é reminiscência?"

"Eu não estou incrédulo", disse Símias", "mas preciso experimentar precisamente isso acerca do qual o argumento trata: recordar-me. Na verdade, a partir do que Cebes tem se empenhado em relatar, quase já me lembro e estou quase persuadido. No entanto, gostaria de ouvir agora como te encarregas de explicá-lo."

[73c] "Eis como o faço", disse Sócrates. "Concordamos, suponho, que se alguém for recordar-se de algo, é necessário que conheça isto em algum momento anterior."

"Absolutamente", disse.

"Acaso também concordamos sobre isso: quando o conhecimento sobrevém a alguém por este modo, há reminiscência? Sobre qual modo estou falando? Este: se ao ver, ouvir ou ter outra percepção de uma coisa, alguém não apenas reconhece isto, mas também vem a ter na mente uma segunda coisa – da qual não há o mesmo conhecimento, mas outro, não seria justo dizermos que ele rememorou esta segunda coisa, aquela que apreendeu pela mente?" **[73d]**

"O que queres dizer?"

"Quero dizer algo como o que segue. É diferente, suponho, o conhecimento de uma pessoa e o conhecimento de uma lira?"

"Como não o seria?"

"Sabes bem que os amantes, se veem uma lira, um manto ou outro objeto que os amados costumam usar, experienciam isto: reconhecem a lira e obtêm no pensamento a imagem do amado a quem a lira pertence. E isso é reminiscência. É similar também à situação em que alguém, vendo Símias, muitas vezes rememora Cebes – e haverá, suponho, incontáveis outros casos desse tipo."

"Sim, numerosos, por Zeus", disse Símias.

[73e] "Então" disse Sócrates, "esse tipo de coisa[94] não é uma forma de reminiscência? E especialmente quando alguém tiver passado por essa experiência relativa a coisas sobre as quais já se esquecera por causa do tempo e por não lhes ter prestado atenção?"

"Com toda certeza", disse.

"E quanto a isso?", disse Sócrates. "É o caso de alguém recordar-se de uma pessoa vendo a pintura de um cavalou ou de uma lira? Ou recordar-se de Cebes vendo a pintura de Símias?"

"Sim, de fato."

"E se dá também o caso que, vendo a pintura de Símias, recorda-se do próprio Símias?"

"Isso ocorre certamente", disse. **[74a]**

"Então, de acordo com todos esses exemplos, não resulta que a reminiscência se dá tanto sobre coisas semelhantes quanto sobre coisas dessemelhantes?

"Resulta".

"Mas ao menos quando alguém recordar-se de algo a partir de coisas que são semelhantes, não é necessário que a pessoa tenha em acréscimo esta experiência: refletir se a este objeto[95] falta ou não algo em sua semelhança à coisa recordada?"[96]

"Necessariamente", disse.

"Pois bem, considera", ele disse, "se estas coisas são desse modo. Dizemos, suponho, que o igual é algo[97] – não me refiro a uma lenha igual à outra, uma pedra igual à outra ou a qualquer coisa nessa linha, mas a algo distinto de tudo isso: o próprio igual. Diremos que há algo desse tipo ou nada?"[98]

[74b] "De fato devemos dizer que sim", disse Símias, "enfaticamente."

"E conhecemos também o que ele[99] é?"

"Certamente", ele disse.

"De onde obtemos esse saber que temos dele? Não é o caso que, dos itens que acabamos de mencionar, do ver lenhas, pedras ou quaisquer outras coisas iguais, viemos a tê-lo[100] em mente a partir destas coisas, sendo diferente delas? Ou a ti não parece diferente? Examina o ponto desta forma: por vezes pedras e lenhas, sendo as mesmas, não parecem iguais a um e desiguais a outro?"[101]

"Com toda certeza!"

[74c] "Mas os próprios iguais[102] alguma vez te pareceram desiguais, ou a igualdade alguma vez te pareceu desigualdade?"

"Nunca, ao menos até agora, Sócrates."

"Assim, ele disse, "estes itens iguais e o próprio igual não são a mesma coisa".

"De modo algum, a meu ver, Sócrates."

"Contudo", ele disse, "é a partir *destes* iguais, os quais são diferentes daquele igual, que, não obstante, tu pensaste e obtiveste teu saber deste último?"[103]

"Verdadeiramente"

"E isso se dá sendo ele semelhante ou dessemelhante daqueles[104], não é?

"Absolutamente!"

"Em todo caso", ele disse, "não faz nenhuma diferença. Contanto que, [74d] vendo algo, se venha daí a pensar em outra coisa, semelhante ou dessemelhante, é necessário", disse, "que isso tenha sido reminiscência".

"Absolutamente certo".

"Mas como?", ele disse. "No que concerne às lenhas e, em geral, aos iguais que mencionávamos há pouco, experienciamos algo desse tipo: parecem-nos serem iguais do mesmo modo que o igual em si o é? Falta-lhes algo daquele[105] no que se refere a serem como o igual? Ou não é absolutamente o caso?"

"Falta-lhes muito", disse Símias.

"Assim, concordamos que toda vez que, ao ver algo, alguém pensar: 'isto que agora vejo almeja ser como outro ser – um dos que existem – **[74e]**, mas é insuficiente e não consegue ser como aquele, sendo na verdade inferior', é necessário, presumo, que a pessoa que pensa isto tenha conhecido previamente a coisa sobre a qual diz que a outra busca se assemelhar, mas lhe é insuficiente?"

"Necessariamente."

"E então? Nós também tivemos ou não este tipo de experiência acerca dos iguais e do igual?"

"Seguramente sim."

"É necessário então que tenhamos previamente conhecido o igual, antes do tempo em que, vendo iguais pela primeira vez, pensamos: 'todas essas coisas esforçam-se **[75a]** para serem como o igual, mas são insuficientes'".

"É assim".

"Mas também concordamos que não tivemos isso em mente e nem seria possível fazê-lo senão a partir do ver, tocar ou de outro sentido – digo o mesmo de todos eles."

"Sim, pois se dá o mesmo Sócrates, pelo menos no que diz respeito àquilo que o argumento quer mostrar."

"Assim, é efetivamente *a partir* dos sentidos que se deve pensar que todas as coisas nas sensações[106] simultaneamente esforçam-se para serem o que é o igual **[75b]** por si, sendo insuficientes relativamente a ele. Ou como devemos dizê-lo?"

"Dessa maneira!"

"Então, antes de começarmos a ver, a ouvir e a termos outras formas de sensações, presumo ter sido necessário que obtivéssemos conhecimento sobre o que é o igual em si, se pretendemos comparar com ele as sensações de iguais derivadas dos sentidos, dizendo que todas elas se aplicam com ardor em serem semelhantes a ele, mas lhe são inferiores."

"É necessário que assim seja, Sócrates, dado o que foi dito previamente."

"E não é o caso que após nascermos nós víamos, ouvíamos e tínhamos as outras sensações?"

"Absolutamente."

"E era preciso, como dissemos, ter adquirido antes disso o conhecimento [75c] do igual?"

"Sim."

"E não parece necessário que o adquirimos antes de termos nascido?"

"Parece."

"Mas se, tendo adquirido este conhecimento antes do nascimento, tornamo-nos possuidores dele, não conhecemos então antes de nascermos e logo ao nascer, não só o igual, o maior e o menor, mas também o conjunto dessas noções? Pois nosso argumento atual não é mais sobre o igual do que sobre o belo em si, o bom em si [75d], o justo, o piedoso e, como venho dizendo, sobre tudo o que assinalamos com isto: o 'o que é?'[107], tanto em nossas questões, quando perguntamos, quanto em nossas respostas, quando respondemos. De modo que nos é necessário ter obtido o conhecimento de todas essas realidades antes de nascermos."

"Isso é verdade."

"E se após tê-lo adquirido não o esquecemos a cada vez, é forçoso que nasçamos sempre sabedores e o sejamos em todo o curso de nossa vida. Pois o saber é isto: tendo obtido o conhecimento de algo, tê-lo disponível e não o perder. Ou não é isso que denominamos 'esquecimento', Símias, a perda de conhecimento?"

[75e] "Com toda certeza, Sócrates", disse.

"De outro lado, penso, se o obtivemos antes do nascimento e o perdemos enquanto nascíamos, mas depois, usando nossos sentidos sobre tais coisas, recuperamos os conhecimentos que num momento anterior possuíamos, o que chamamos 'aprender' não seria recuperar nosso próprio conhecimento? E não nos expressaríamos com acerto chamando isso de 'reminiscência'?"

"Com certeza."

[76a] Sim, porque isso pareceu possível: quando se percebe algo – seja vendo, ouvindo ou tendo qualquer outra sensação disso – pode-se pensar a partir daí em outro item distinto que tinha sido esquecido, algo com o qual o primeiro buscava uma aproximação, sendo-lhe dessemelhante ou semelhante. E assim, tal como eu dizia, uma destas duas alternativas é caso: ou nascemos conhecendo aquelas coisas[108] e possuímos este saber por toda a vida, ou aqueles que dizemos estarem aprendendo nada mais fazem do que recordarem-se após nascerem e a aprendizagem é então reminiscência."

"Isso é muito verdadeiro, Sócrates!"

"Então que escolhes, Símias? Que nascemos sabendo ou que nos recordamos mais tarde das coisas cujo conhecimento **[76b]** obtivemos anteriormente?"

"No momento não sou capaz, Sócrates, de escolher."

"E quanto ao que segue. Tens condições de fazer esta escolha e dizer-me o que pensas a respeito disso: se um homem possui conhecimento, seria ele capaz de dar uma explicação[109] sobre o que sabe ou não?"

"É necessário que o faça, Sócrates", disse.

"E realmente pensas que todos são capazes de dar uma explicação daqueles pontos sobre os quais falávamos há pouco?"[110]

"Com certeza gostaria que esse fosse o caso", disse Símias. "Mas o fato é que receio muito mais que amanhã, nessa hora, já não exista um único ser humano em condições de fazer isso apropriadamente."

"Neste caso, Símias", disse **[76c]**, não pensas que todos conhecem tais assuntos?"

"De jeito nenhum."

"Eles então se recordam do que uma vez aprenderam?"

"Necessariamente."

"E quando então nossas almas teriam obtido o conhecimento dessas realidades? Certamente não após termos nascido como humanos."

"Certamente não."

"Antes, então?"

"Sim."

"Neste caso, Símias, as almas existiam de fato previamente, separadas dos corpos, antes de entrarem numa forma humana, e elas tinham inteligência."

"A menos, Sócrates, que ao mesmo tempo que nascemos nós adquirimos esses conhecimentos, pois este momento ainda resta."[111]

"Pois bem, meu caro! Então nós os perdemos em qual outro **[76d]** período? Pois certamente não nascemos possuindo-os, como já acordamos. Ou os perdemos no momento mesmo em que os adquirimos? Tens outro período para indicar?"

"De modo algum, Sócrates – o fato é que me escapou que eu não dizia nada importante."

"Então é assim que tais tópicos se apresentam a nós, Símias?", disse. "Se os itens sobre as quais estamos sempre conversando existem – algo belo, algo bom e todo ser desse tipo[112] – e se remetemos **[76e]** a este ser tudo o que se origina dos nossos sentidos, redescobrindo o que estava lá antes e nos pertencia[113], e se comparamos tais sensações[114] àquele ser, é necessário que, assim como esses itens[115] existem, também nossa alma exista antes mesmo de nascermos. Mas se esses não existem, não teria sido expresso em vão este nosso argumento? É este o ponto? É igualmente necessário que esses itens existam e que nossas almas tenham existido antes de nascermos, mas se os primeiros não são necessários, também não o é o último?"

"Tenho forte impressão de que é a mesma necessidade nos dois casos, Sócrates", disse Símias. E é de fato oportuno que o argumento **[77a]** se refugie na igual necessidade de existência, tanto de nossa alma antes do nascimento quanto deste ser que tu mencionas agora. Pois, de minha parte, não tenho nada que me seja mais claro do que isso, que todas as coisas desse tipo existem no mais alto nível possível: o belo, o bem e todas as outras sobre as quais falavas há pouco. Tal como me parece, pelo menos, isso foi suficientemente demonstrado."

"Mas e quanto a Cebes?", disse Sócrates, "pois devemos convencê-lo também."

"Foi suficiente para ele, tal como presumo", disse Símias, "embora seja o mais obstinado dos homens no que se refere a não confiar em argumentos. De todo modo, presumo que ele foi plenamente convencido disso: que nossa alma existiu antes **[77b]** de nascermos. Mas se de fato ela ainda existirá quando tivermos morrido, não parece ter sido, Sócrates, mesmo para mim, demonstrado", disse. "Mas ainda temos pelo caminho o que há pouco Cebes dizia[116], o medo da maioria de que, quando o ser humano morre, a alma dissipe-se e isto seja para ela o fim de sua existência. Pois o que a impede de, por um lado, nascer e constituir-se de outra fonte e existir antes mesmo de entrar na forma humana, mas, de outro, ao entrar num corpo e separar-se dele, de ela também morrer e ser destruída?"

"Bem dito, Símias", disse Cebes. "Parece que [77c] metade do que é necessário ser provado já o foi, isto é: que antes do nosso nascimento nossa alma já existia. Mas deve ser demonstrado também que quando morremos ela não existirá menos do que existia antes, se a demonstração quer ser completa."

"Mesmo agora já foi demonstrado, Símias e Cebes", disse Sócrates, "caso estejais dispostos a unificar este e o outro argumento sobre o qual concordamos antes – isto é: que tudo o que é vivo nasce do que está morto. Pois se a alma existe antes e se lhe é também necessário que sua entrada [77d] à vida e seu nascimento não tenham outra origem que não seja a morte e o estar morto, como não admitir que ela existe também quando alguém morre, uma vez que deve nascer novamente? Portanto, o ponto que mencionais foi demonstrado também agora. Contudo, penso que tu e Símias também teriam prazer em esmiuçar esse argumento mais a fundo. Pareceis ter aquele medo que as crianças têm: que, quando a alma desembarca do corpo, o vento literalmente a jogue em diferentes direções e a disperse, especialmente [77e] se ocorrer de alguém não morrer na calmaria, mas numa grande tempestade."

Cebes deu risada. "Tenta convencer-nos", disse, "assumindo que temos esse temor. Ou melhor: não pensa que o temos, mas que talvez haja uma criança dentro de nós que teme tais coisas. Tenta então convencê-la a não ter mais medo da morte como se fosse o bicho-papão".

"Mas é preciso lançar sobre ele encantamentos diários até que seja exorcizado", disse Sócrates.

[78a] "Mas onde então, Sócrates", disse, "acharemos um bom encantador dessas coisas, já que tu", disse, "deixa-nos?"

"A Grécia é grande", Cebes", disse, "e presumivelmente há muitos homens bons nela, bem como muitas raças de não gregos. Na busca deste encantador deves vasculhar no conjunto de todas essas pessoas, sem poupar dinheiro ou esforços, como se não houvesse nada mais sobre o qual pudesses oportunamente gastar dinheiro. Mas também deveis investigar entre si, pois é possível que não encontreis pessoas mais capazes do que vós para fazer isso."

"Sim, isso certamente irá ocorrer!", disse Cebes. "Mas retornemos ao ponto que deixamos **[78b]** atrás, se para ti está sendo agradável."

"Sim, é certo que está sendo agradável. Como não o seria?"

"Ótimo!", disse.

[117]"Pois bem", disse Sócrates, "não devemos então nos questionar nestes termos: o sofrer esta experiência pertence, com efeito, a que espécie de coisa – refiro-me ao ser dissipado? Quero dizer: a propósito de que espécie de coisa devemos temer que se dissipará e a qual espécie não devemos temer? Na sequência, devemos examinar a qual das duas a alma pertence e na esteira disso ver se sentimos confiança ou temor no que concerne à nossa alma?"

"Falas com acerto", disse.

[78c] "Então não é ao que tem sido composto e é por natureza compósito que pertence esta experiência de ser dividido pela forma de sua composição?[118] De outro lado, não é verdade que, se algo é atualmente não composto, cabe somente a ele, mais do que a qualquer outro, não padecer dessa divisão?"

"Parece-me que isso é assim", disse Cebes.

"Pois bem, não é então mais provável que as coisas que sempre conservam exatamente a mesma condição são as não compostas, ao passo que as que, às vezes, são uma coisa, outras vezes outra, nunca estando na mesma condição, são as compostas?"

"Eu penso assim também."

"Passemos, agora, aos mesmos itens sobre as quais nos detemos no argumento anterior[119]. Está a própria essência – cuja definição sobre *o que é* estamos oferecendo em nossas questões e respostas **[78d]** – identicamente sempre no mesmo estado? Ou ora de um jeito, ora de outro? O Igual em si, o Belo em si, cada 'o que é' em si, o ser[120]: será que tais itens admitem qualquer forma de mudança? Ou cada 'o que é' deles, sendo uniforme e isolado por si, invariavelmente está no mesmo estado, jamais admitindo qualquer tipo de alteração, em qualquer aspecto ou modo?"

"Invariavelmente, por necessidade, está no mesmo estado, Sócrates", disse Cebes.

"E quanto aos muitos belos, tais como pessoas, cavalos, mantos ou quaisquer outros do mesmo tipo? Ou os iguais?[121] **[78e]** Ou todos os itens que partilham, como esses, o mesmo nome[122]. Estão no mesmo estado ou, inteiramente em oposição àqueles, praticamente nunca estão no mesmo estado, nem em relação a si mesmos e nem em relação aos outros?"

"Concordo contigo também neste caso", disse Cebes. "Eles nunca estão no mesmo estado".

"E não é o caso que de uns, por um lado, podes tocar, ver e perceber com outros sentidos **[79a]**, mas quanto às coisas que estão no mesmo estado não há nada mais pelo qual poderias aprendê-las do que pelo raciocínio do pensamento, uma vez que tais coisas são invisíveis e não vistas."

"Absolutamente verdadeiro", disse Cebes.

"Queres que assumamos, disse Sócrates, duas classes de seres existentes: de um lado o visível e de outro o invisível?"[123]

"Que assumamos!"

"E o invisível está sempre no mesmo estado, enquanto o visível nunca o está?

"Também isso assumamos", disse.

"Pois bem", **[79b]** disse Sócrates, "não é o caso que parte de nós é corpo e parte alma?"[124]

"Exatamente isso", disse.

"Com qual das duas formas diremos que o corpo é mais semelhante e congênito?"

"Isso é evidente a todo mundo: é com o visível", disse.

"E quanto à alma? É visível ou é não perceptível? "

"Ao menos aos seres humanos não é perceptível, Sócrates", disse.

"Mas *nós* certamente falávamos do visível e não visível segundo a natureza do homem.[125] Ou supões alguma outra natureza?

"Nos referíamos à natureza do homem".

"E o diremos então sobre a alma? É visível ou invisível?"

"Não é visível".

"Invisível então?"

"Sim".

"Então a alma é mais similar ao invisível do que o corpo, ao passo que este é mais similar ao visível."

[79c] "Com toda certeza!"

"Agora, não estávamos há pouco[126] dizendo isto: quando a alma usa o corpo para examinar o que quer que seja, por meio da vista, do ouvido ou de algum outro sentido – pois examinar por meio do corpo é justamente isso: examinar algo por meio da sensação –, ocorre nestes casos de ser arrastada pelo corpo em direção às coisas que nunca permanecem as mesmas, sendo que ela própria passa a vagar, a agitar-se e cambalear como embriagada, em virtude de estar apegando-se a esse tipo de itens ?"

"Certamente".

"De outro lado, quando examina em si de acordo com si mesma, ela parte para o **[79d]** que é puro[127] e sempre existente, para o que é imortal e conserva-se no mesmo modo; e em razão de ser congênita com tais itens, ela sempre vem a ser com eles toda vez que tem condições de manter-se em si e de acordo com si mesma. E assim ela cessa o vagar. Em sua relação com aqueles itens sempre mantém a identidade de sua condição, dado que o que está apreendendo possui o mesmo tipo de estabilidade. E não é esse estado da alma que é chamado "sabedoria"?

"Em todos os aspectos, Sócrates, falas muito bem e com verdade", disse.

"Assim, novamente, considerando tanto o que foi dito antes como o que dizemos agora, pensas que a alma é mais similar e **[79e]** congênita a qual espécie?"

"Parece-me que todos irão concordar, Sócrates", disse, "mesmo o aluno mais lento, que, com base em tal método[128], alma é completa e absolutamente mais similar ao que sempre se mantém na condição do que ao que não se mantém".

"E quanto ao corpo?"

"Pertence à outra alternativa".

"Vê agora também por esta via: quando alma e corpo estão na mesma condição, a natureza encarrega **[80a]** o último de servir e ser comandado, à primeira de comandar e dominar. E agora, novamente, em relação a tais aspectos, qual dos dois, no teu pensamento, é semelhante ao divino e qual o é ao mortal? Ou não pensas que o divino é por natureza dado a governar e conduzir e o mortal é dado a ser comandado e servir?"

"Penso isso sim".

"Em com qual dos dois a alma tem semelhança?"

"É bem claro, Sócrates", disse Cebes, "que a alma tem semelhança com o divino e o corpo tem semelhança com o mortal".

"Examina então, Cebes", disse, "se do conjunto do que foi dito [80b] resulta-nos o seguinte: que a alma é mais similar ao que é divino, imortal, inteligível, uniforme, indissolúvel e ao que sempre está no mesmo estado, mas o corpo, de seu lado, é mais similar ao que é humano, mortal, não inteligível, multiforme, dissolúvel e ao que nunca está no mesmo estado. Temos algo contrário a tais aspectos para falar, meu caro Cebes, sobre como isso não é assim?"

"Não o temos!"

"E então? Uma vez que as coisas são assim, não é próprio ao corpo ser rapidamente dissolvido, mas à alma, ao contrário, é próprio ser inteiramente indissolúvel ou algo muito próximo disso?"

[80c] "Sim, como não?"

"Percebes então, disse, que quando o ser humano morre, o que é visível nele – o corpo, alojado na parte visível, isto que chamamos 'cadáver' –, ao qual pertence o dissolver-se, desagregar-se e dissipar-se, não sofre tais processos de uma só vez. Ao contrário, permanece por um tempo razoavelmente longo. E se alguém morre tendo o corpo numa condição atrativa e numa idade que o favorece, tal tempo é de fato considerável. Com efeito, se o corpo for preparado e embalsamado, como no caso daqueles que foram embalsamados no Egito, dura quase intacto por um tempo difícil de imaginar **[80d]**, e mesmo que definhe, algumas de suas partes– ossos, tendões e outras assim – são ainda, por assim dizer 'imortais', não?"

"Sim."

"Devemos supor, neste caso, que a alma, a parte invisível, que vai para outro lugar desse mesmo tipo – lugar nobre, puro e invisível: o Hades tal como é verdadeiramente, junto à presença do bom e inteligente Deus, para onde, sendo a vontade do Deus, também minha alma deve ir imediatamente –, tendo uma tal natureza descortinada a nós, quando separada do corpo é imediatamente dispersada e aniquilada, como as pessoas comuns dizem? Nada mais distante da verdade, meus caros Cebes e Símias! **[80e]** O que segue é bem mais provável. Suponha que seja libertada pura, não tendo arrastado consigo nada do corpo, precisamente porque em sua vida não teve, deliberadamente, nenhum comércio com ele, mas evitou-o e manteve-se reunida em si e de acordo com si mesma, por ter sido essa a sua prática constante. Isso não é nada mais do que estar filosofando de modo correto e, na realidade, praticando o estar morto sem reclamar. Ou isto não seria **[81a]** um exercício para a morte?"

"Certamente seria."

"Mas, então, estando nessa condição, a alma não parte para o que é similar a ela, o não visível, divino, imortal e sábio, para onde, tendo chegado, tem a chance de ser feliz, liberta que está do vagar, da falta de inteligência, dos medos, das formas selvagens de amor e de outros males humanos, e, como é dito dos iniciados, verdadeiramente passando o resto de seu tempo com os deuses? É isso que devemos dizer, Cebes, ou algo diferente disso?"

"Por Zeus, diremos isso!", disse Cebes.

"Sim, mas pode ocorrer, suponho, que ela se liberte do corpo [81b] contaminada e não purificada, por sempre ter estado em conjunção com ele, fazendo-lhe corte, apaixonada e sendo enfeitiçada – por seus desejos e prazeres –, de forma que pense que nada mais é real do que o corpóreo, o que alguém pode tocar, ver, beber, comer e servir-se sexualmente. Mas o que é obscuro aos olhos e invisível, porém inteligível e elegível pela filosofia, isso ela está acostumada a odiar, ter medo e evitar [81c]. Supões que uma alma nesse estado será libertada mantendo-se recolhida em si mesma e não misturada?"

"De nenhum modo possível", disse.

"Na verdade, suponho, ela estará interpenetrada pelo corpóreo, cuja associação e união com o corpo, por serem frequentes e praticados por muito tempo, já se arraigaram nela?"

"Exatamente."

"E deve-se supor, meu caro, que o corpo é sólido, pesado, terroso e visível. Tal alma, com tais propriedades, torna-se pesada e é puxada novamente para a região do visível, com medo do não visível e do 'Hades', adejando, como é dito, ao redor de monumentos [81d] e sepulturas, lugares em torno dos quais se sabe que certas formas de aparições sombrias de almas foram vistas. Estas são imagens provindas de almas desta espécie, as que não se libertaram de forma pura, mas partilham do visível, sendo por isso que são vistas."

"Isso é bem provável, Sócrates."

"De fato o é, Cebes. E é provável também que de modo algum sejam almas de boas pessoas, mas de más, forçadas a vagarem ao redor de tais lugares, pagando a pena por sua maneira de viver pregressa, que era má. E devem vagar até que, pelo desejo [81e] lhes acompanha, o desejo do corpóreo, sejam novamente atadas ao corpo. E são atadas, como é bem provável, a quaisquer que tenham sido os hábitos que praticaram na vida."

"Precisamente a que tipo de hábito te referes, Sócrates?"

"Por exemplo: é provável que aqueles que se habituaram à glutonaria, à desmedida, à bebedeira, e que não guardaram a si mesmos, entrem na classe dos asnos ou de animais selvagens do mesmo tipo, ou não **[82a]** pensas assim?"

"O que dizes é absolutamente provável".

"Sim. E aqueles que colocaram a injustiça acima de tudo, ou a tirania, a rapina, entrarão na classe dos lobos, falcões e milhafres. Ou para onde mais diríamos que tais almas poderiam ir?"

"Sem dúvida, para tais criaturas", disse Cebes.

"Dessa forma, disse Sócrates, "não é evidente, em relações a outras almas também, para onde cada uma iria conforme as similaridades de suas práticas?"

"É bem claro, como não o seria?", disse.

"E mesmo dentre estes e entre aqueles que vão para o melhor lugar, não são mais felizes os praticantes da virtude comum e cívica, às quais chamam 'temperança' **[82b]** e 'justiça', obtidas do hábito e da prática, ainda que sem filosofia e inteligência?"

"Como exatamente estes são mais felizes?"

"Porque é provável que retornem numa destas espécies sociais e domesticadas, talvez abelhas, vespas ou formigas, ou ainda que retornem à mesma de novo, a raça humana, e que homens respeitáveis nasçam deles."

"Pode ser".

"Sim, mas retornar à espécie divina não é permitido a ninguém que não tenha filosofado e partido em absoluta pureza **[82c]**. Somente ao amante do saber o é. De fato, é por causa dessa pureza, meus camaradas Símias e Cebes, que os que filosofam corretamente se distanciam de todos os desejos do corpo, são firmes nisso e não se entregam. Não é por temerem a perda de recursos e a pobreza, como a maioria, amante do dinheiro, e tampouco por causa da perda de estima e reputação que acompanham a depravação, como os amantes do poder e da honra que, por tal motivo, se afastam de tais coisas."

"Não, isso não seria apropriado, Sócrates".

[82d] "De fato não o seria", disse Sócrates. "É por isso, Cebes, que aqueles para os quais existe algum cuidado com sua alma, e não passam a vida moldando seus corpos[129], dizem adeus a todas essas pessoas e não seguem o mesmo caminho delas, cientes de que elas não sabem para onde estão indo. Mas eles próprios, de seu lado, acreditam que em suas ações não devem se opor à filosofia e à libertação e purificação que ela providencia. Voltam-se então para a via da filosofia e a seguem por onde vai".

"Mas como, Sócrates?"

"Vou te dizer. Os que amam o saber compreendem" **[82e]**, disse, "que, quando a filosofia se encarrega de suas almas, a alma está simplesmente atada ao corpo e colada a ele, forçada a examinar, através dele, os seres[130] como através de uma prisão, ao invés de ela mesmo fazê-lo por si própria, e que ela está envolta em absoluta ignorância. A filosofia percebe algo impressionante nesta prisão, a saber: é o desejo que a faz funcionar, de tal forma que o prisioneiro será, especialmente ele, um cúmplice do aprisionamento. Assim, como venho dizendo, os amantes do saber compreendem que a alma está nestas condições quando a filosofia se encarrega **[83a]** dela. A filosofia gentilmente a encoraja com palavras e põe-se a trabalhar para libertá-la, mostrando-lhe que a investigação conduzida por meio dos olhos é repleta de enganos e que também o é a investigação conduzida pelos ouvidos e pelos demais sentidos. A filosofia persuade a alma a afastar-se dos sentidos, exceto se houver necessidade de empregá-los, exortando-a a recolher-se e concentrar-se em si e a não confiar em nada exceto em si, sobre qualquer dos itens que são[131] que ela venha a pensar, por si própria. Com efeito, **[83b]** a filosofia encoraja a alma a não tomar como verdadeiro nada do que ela investiga por outros meios e em outras coisas e a crer que, de um lado, esta última via é sensível e visível, mas o que ela própria vê é inteligível e não visível.[132]

Assim, a alma do verdadeiro filósofo entende que não deve se opor a essa libertação e por essa razão afasta-se dos prazeres, desejos, dores e medos, o tanto quanto é possível. Ela calcula que quando alguém sente intenso prazer, dor, medo ou desejo, tal pessoa não sofre um grande mal, dentre aqueles que se pode imaginar ao ter tais experiências – por exemplo: cair doente ou incorrer em gastança por causa dos desejos –, mas esta pessoa sofre o que é o maior **[83c]** e mais extremo de todos os males, e o faz sem perceber."

"O que é isso, Sócrates?", disse Cebes.

"Que a alma de todos os homens, quando experimenta intensamente o prazer ou a dor por causa de algo, nesse momento é forçada a acreditar que qualquer coisa que particularmente a afete é também o que existe de mais manifesto e mais verdadeiro, embora não seja assim. E tais coisas[133] são sobretudo as visíveis, não é?"

"Certamente".

[83d] "Agora, não é em tal experiência, sobretudo, que a alma é aprisionada pelo corpo?"

"De que forma?"

"Porque cada prazer e dor cravam a alma no corpo como se fossem pregos, prendem-na firmemente e a tornam corpórea, fazendo-a acreditar que é verdadeiro tudo o que o corpo diz que é. E o fato de ter a mesma opinião que o corpo e apreciar a mesmas coisas que ele a forçam, penso, a tornar-se semelhante em modos e em criação[134], de forma a nunca chegar num estado de pureza no Hades, mas toda vez partir infectada pelo corpo. E assim ela **[83e]** rapidamente recai em outro corpo e, como uma semente, desenvolve-se nele, sendo por isso excluída da convivência com o que é divino, puro e uniforme."

"O que dizes é a mais pura verdade, Sócrates", disse Cebes.

"Assim, é por tais razões, Cebes, que os que corretamente amam o saber são disciplinados e corajosos[135] e não pelas razões que maioria diz. Ou tu pensas que são por estas razões?"

[84a] "Eu penso que não são, com certeza!"

"Não, de fato, mas eis como alma de um filósofo racionaria. Ela não suporia que, tendo a filosofia o dever de libertá-la e enquanto a filosofia aplica-se nisso, a alma possa, por sua escolha, entregar-se a prazeres e dores, tornando a ligar-se de novo ao corpo e fazendo assim a tarefa interminável de uma Penélope ao laborar em sua rede de forma contrária[136]. Ao invés disso, ela põe-se a preparar um descanso destas paixões, seguindo a razão e mantendo-se sempre ocupada com ela. Visualizando em seu pensamento o que é verdadeiro, divino e que não é objeto de opinião, e sendo nutrida por isso, ela supõe que deve viver deste modo, enquanto durar sua vida, **[84b]** e que, tendo cessado de viver e ido ao encontro do que lhe é congênito e de sua espécie, terá se desembaraçado dos males humanos. Tendo recebido esse tipo de nutrição, certamente não há que se temer, caros Símias e Cebes[137], que venha a despedaçar-se durante a separação do corpo, esventrada pelos ventos e, uma vez evaporada, que tenha sumido e não exista mais em lugar nenhum."[138]

[139][**84c**] "Depois que Sócrates disse essas coisas, fez-se silêncio por um longo tempo. O próprio Sócrates estava imerso no argumento recém-exposto, como se podia notar, ao vê-lo, e a maioria de nós também. Mas Cebes e Símias estavam conversando entre si em voz baixa. Quando os viu, Sócrates perguntou: "O que é? Acaso parece-vos que está faltando alguma coisa no que foi dito? Pois, de fato, o argumento ainda tem muitos aspectos suspeitos e objeções, sobretudo se alguém for explorá-lo adequadamente. Assim, se estais considerando algo mais, falo sem propósito, mas se estais perdidos sobre o tema de que falávamos, absolutamente não hesiteis em falardes por vós próprios e percorrerdes o ponto, se tendes a impressão de que poderia ter sido mais bem [**84d**] expresso de outra forma. E não hesiteis em tomar-me como auxiliar, se suponhais que com minha ajuda será mais fácil sairdes das dificuldades."

Símias falou: "Bem, certamente vou dizer-te a verdade, Sócrates. Já faz tempo que cada um de nós está em dificuldades com o argumento, um empurrando o outro e mandando perguntar, movidos que estamos pelo desejo de ouvir, mas receosos de importunar-te, no caso de isso te ser desagradável por causa do infortúnio por que passas."

Ao ouvir isso, Sócrates riu docemente e disse: "Oh, meu caro Símias, certamente seria difícil persuadir [**84e**] o resto da humanidade de que não considero penosa minha presente situação, quando sequer consigo persuadi-los disso. Receais, aliás, que eu esteja mais propenso ao mau humor agora do que estive em minha vida anterior. Pareceis pensar que sou pior na arte profética do que os cisnes: ainda que também cantem em momentos anteriores, é quando percebem que devem morrer **[85a]** que cantam com mais intensidade e beleza[140], felizes que estão por partirem junto à presença do Deus do qual são servos. Mas os homens, devido a seu próprio pavor da morte, também contam falsidades sobre os cisnes, dizendo que lamentam sua morte e emitem seu último canto sob efeito de aflição. Eles, contudo, não se dão conta de que nenhuma ave canta quando sofre fome, frio ou qualquer outra dor, nem o próprio rouxinol, a andorinha e a poupa, os quais, segundo dizem, cantam sob efeito de aflição. De minha parte, não creio que estes pássaros cantem sob aflição e tampouco **[85b]** os cisnes, mas, penso eu, uma vez que são aves de Apolo, são proféticas e anteveem os bens que estão no Hades, neste dia cantam e regozijam-se diferentemente, como jamais o fizeram. Quanto a mim, com efeito, sou dos cisnes uma espécie de companheiro de servidão, consagrado ao mesmo Deus e, não menos do que eles, tenho profecias sobre meu mestre e estou sendo apartado da vida sem sentir melancolia. Assim, na esteira destas considerações, deveis falar e perguntar o que quer que queirais, pelo menos enquanto os 11 homens de Atenas[141] o permitirem."

"Falas com propriedade, Sócrates!", disse Símias. Assim, vou expor-te o que me causa dificuldade e este aqui[142], na sua vez, falará em que aspecto não aceita o que foi dito. Com efeito, tenho a impressão **[85c]**, Sócrates, como talvez tu também tenhas, de que saber a verdade clara sobre tais temas é algo impossível ou muito difícil na vida atual. Por outro lado, contudo, não questionar de todas as formas o que é dito sobre isso, sem se retirar até que alguém fique exaurido em examinar de todos os ângulos, é o sinal de um homem absolutamente frágil. Pois, quanto a tais temas, deve-se certamente cumprir pelo menos uma destas coisas que seguem: ou aprender ou descobrir como as coisas são, ou, se isso é impossível, ao menos tomar, dentre as proposições[143] ditas pelos homens, a melhor – a mais difícil de refutar –, e transportar-se por ela como quem embarca numa jangada[144] **[85d]**, assumindo os riscos de uma jornada pela vida; a não ser que tal pessoa possa fazer a travessia de forma mais segura e menos precária numa embarcação sólida, alguma proposição divina. E especialmente agora não vou envergonhar-me de interrogar-te, já que tu me dizes para fazê-las, e nem poderei culpar-me depois por não ter dito agora o que penso. O fato, Sócrates, é que desde que estive a examinar o que foi dito, tanto por mim mesmo quanto com Cebes, não me pareceu suficientemente expresso."

"Sócrates disse: Pode ser, meu camarada, que seja verdadeira a impressão que tiveste [85e]. Mas diz em que aspecto parece insuficiente. "

[145]"De minha parte, penso no seguinte aspecto", ele disse. "Alguém poderia aplicar este mesmo argumento tanto à harmonia musical[146] quanto à lira com cordas, no sentido de que a harmonia é uma coisa invisível, incorpórea, inteiramente bela e divina na lira afinada, mas a própria lira e as cordas **[86a]** são corpos, corpóreos, compostos e terrenos, congênitos do mortal. Suponhamos, então, que alguém quebre em pedaços a lira ou arrebente e despedace as cordas. Alguém poderia supor em seguida, confiando no mesmo argumento que expuseste, que é necessário que a harmonia ainda exista e que não seja destruída. Sustentar-se-ia, com efeito, não haver nenhuma possibilidade de que, enquanto a lira e as cordas ainda subsistem, com as cordas despedaçadas e sua natureza mortal, a harmonia seja destruída **[86b]** e que isso ocorra antes dos itens mortais, justo ela que é da mesma natureza e congênita do divino e imortal.[147] Tal pessoa diria, pelo contrário, que é necessário a própria harmonia existir em algum lugar e que a madeira[148] e as cordas deverão apodrecer primeiro, antes que à harmonia aconteça qualquer coisa. Pois bem, Sócrates, eu

penso que *tu* estás consciente de que nós[149] concebemos que a alma é sobretudo algo desse tipo: com nosso corpo estando retesado, por assim dizer, e tornado coeso por causa do calor, frio, seco, úmido e outros itens desse tipo **[86c]**, nossa alma é a combinação e a harmonia destes elementos, quando adequadamente misturados entre si e na proporção certa. Deste modo, se é mesmo o caso de a alma ser certa harmonia, é evidente que quando nosso corpo estiver relaxado ou retesado em excesso, por causa de doenças ou de outros males, é necessário que a alma, apesar de divina, seja imediatamente destruída, como ocorre com outras harmonias, aquelas presentes em sons e as presentes em todos os produtos dos artífices. Quanto aos restos de cada corpo, permanecem por um tempo até serem queimados ou apodrecerem. **[86d]** Vê, então, o que diremos em resposta a este argumento, se deve alguém estimar que a alma é uma combinação de elementos do corpo e, no que chamamos 'morte', a primeira a ser destruída."

Sócrates olhou-os fixamente, como já o fizera tantas vezes, e, sorrindo, disse: "Sim, o que Símias diz é sem dúvida justo! Mas se um de vós está em melhores condições do que eu para responder, por que não o respondeste? Pois Símias realmente parece ter desferido um golpe importante no argumento. Contudo, antes de lhe respondermos, penso que temos primeiro que ouvir, deste Cebes aqui, quais críticas, por sua vez, irá fazer ao argumento, de forma que, nesse intervalo **[86e]** de tempo, possamos conceber melhor o que diremos. Em seguida, tendo ouvido a ambos, concordaremos com eles se parecerem produzir um canto afinado, ou, em caso contrário, retomaremos neste momento a defesa de nosso argumento. Adiante, então, Cebes!", disse ele, "Fala, por tua vez, o que estava te incomodando?"

"Falarei sim", disse Cebes. "Pois bem, para mim ainda parece que o argumento está no mesmo lugar, igualmente propenso à mesma objeção sobre a qual falávamos antes. Que nossa alma existia antes mesmo **[87a]** de ter entrado nesta forma é algo que não nego ter sido elegantemente exposto e, se não for presunçoso dizê-lo, muito adequadamente demonstrado. Mas o mesmo não pode ser dito sobre a alma ainda existir em algum lugar após termos morrido. De outro lado, não concordo com a objeção de Símias de que a alma não é mais resistente e duradoura do que o corpo, pois penso que ela é imensamente superior em todos os aspectos. 'Por que, então, ainda duvidas', dir-me-ia o argumento, 'quando vês que, com a morte do ser humano, a que atualmente é a parte mais fraca ainda existe? Além disso, não pensas que o que dura mais tempo deve necessariamente preservar-se **[87b]** nesse tempo?"

"Examina, então, em relação a isso, se o que estou para dizer tem algum sentido. Na verdade, parece que eu também preciso, como Símias, de certa comparação. Para mim, tais coisas parecem ter sido ditas no mesmo sentido que alguém diria, sobre um tecelão idoso que morreu, que o homem não foi destruído, mas subsiste salvo em algum lugar, tomando como prova o fato de que o manto que o cobria, por ele mesmo tecido, não foi destruído e está intacto. E se alguém o desacreditasse, ele poderia perguntar: 'qual destas duas classes de coisas é a mais durável, a do ser humano ou **[87c]** a do manto que usa e carrega consigo?' Com a pessoa respondendo[150] que muito mais duradoura é a classe à qual a espécie humana pertence, ele imaginaria ter demonstrado que ao menos o homem, mais do que tudo, está intacto, dado que o menos durável não foi destruído. Mas, na verdade, a coisa não se passa assim. Examina tu também o que estou dizendo. Qualquer um replicaria que fala bobagens quem exprime tal argumento, pois, tendo confeccionado e usado vários de tais mantos, nosso tecelão morreu após todos eles, ainda que numerosos, mas provavelmente antes daquele que foi seu último [87d] e, contudo, nada disso torna o ser humano inferior ou mais fraco do que um manto. Penso que a relação entre a alma e o corpo admitiria essa mesma imagem e alguém que dissesse estas mesmas coisas sobre ambos estaria, em minha avaliação, falando corretamente ao dizer que a alma é mais duradoura e o corpo mais frágil e menos durável. E, de fato, diria ainda que a alma consome muitos corpos, especialmente se vive por muitos anos – pois, se o corpo está em fluxo e perecendo mesmo enquanto a pessoa vive, de seu lado a alma estaria sempre renovando o que já está gasto [87e] – e que é necessário que ao perecer lhe ocorra de estar com sua última vestimenta e que somente a ela sua destruição se antecipe.[151] Com a destruição da alma, o corpo finalmente revelaria sua fraqueza natural e rapidamente apodreceria, para desaparecer. Portanto, este argumento ainda não está merecendo crédito e não permite confiar que depois que morremos [88a] nossa alma ainda existe em algum lugar. E suponha que alguém fosse conceder ainda mais, a quem expressa tal argumento, do que o que tu[152] dizes, cedendo-lhe não apenas que nossas almas existem no tempo que antecede nosso nascimento, mas também que, após termos morrido, as almas de alguns de nós ainda existem e continuarão a existir, a nascerem muitas vezes e a morrem novamente – de forma que a alma é tão forte por natureza que sobrevive a vários nascimentos. Tal pessoa poderia não conceder, contudo, que a alma não sofre durante estes muitos nascimentos e que finalmente não termine por ser, em uma de suas várias mortes, completamente destruída. E diria ainda que ninguém conhece esta morte e esta separação do corpo[153], as quais trazem ruína à alma [88b], pois, diria, é impossível a qualquer um de nós ter observado isso. Pois bem, se tudo se passa assim[154], então é apropriado dizer, de qualquer um que está acolhendo com confiança a morte, que está sendo tolamente confiante, a não ser que possa demonstrar que a alma é absolutamente imortal e indestrutível. Caso contrário, é preciso que quem está prestes a morrer sempre tenha receio de que sua própria alma possa ser completamente destruída em seu desligamento atual do corpo."

[155]Tendo-os ouvido falar, fomos todos desagradavelmente afetados **[88c]**, como aliás o admitimos depois entre nós, porque, enquanto estávamos fortemente persuadidos pelo argumento anterior, eles[156] pareciam de novo nos inquietar, lançando-nos à descrença, não apenas em relação aos argumentos precedentes, mas também quanto ao que seria dito depois, por medo de que nos tornaríamos inúteis como juízes ou o próprio assunto pudesse não ser objeto de certeza.

Equécrates – "Pelos deuses, Fédon, eu realmente tenho simpatia por vós! Pois, de fato, agora que te ouvi, ocorre-me de dizer algo assim a mim mesmo: 'afinal, em qual argumento acreditaremos? **[88d]**. Quão intensamente persuasivo era o argumento de Sócrates, mas agora ei-lo caído em descrédito.' Essa teoria[157], segundo a qual nossa alma é uma espécie de harmonia, exerceu sobre mim uma estranha força, agora e sempre, e a explicação que deste dela fez-me, por assim dizer, lembrar que eu também confiara anteriormente nela. De forma que, de fato, eu preciso de um argumento diferente deste, como um recomeço, o qual irá convencer-me novamente de que a alma do morto não morre com ele. Diz-me, então, por Zeus, como Sócrates prosseguiu com o argumento? Ele também vos pareceu absolutamente desconcertado **[88e]**, como disseste acerca de vós todos, ou, ao contrário, prestou calmamente o socorro ao argumento? E socorreu de forma suficiente ou insuficiente? Relate-nos com a maior precisão de que és capaz."

Na verdade, Equécrates, muitas vezes, espantei-me com Sócrates, mas nunca o admirei tanto quanto neste momento em que estive com ele **[89a]**. Por um lado, talvez não seja nada extraordinário que alguém como ele soubesse o que dizer, mas o que particularmente admirei nele foi, primeiro, como acolheu com prazer, benevolência e respeito o argumento dos jovens rapazes. Depois, como observou com agudeza os efeitos que os argumentos deles tiveram sobre nós e, por fim, a nós que parecíamos fugitivos e vencidos, como curou-nos bem e impôs sua voz sobre nós, encorajando-nos a acompanhá-lo e a considerarmos juntos o argumento.

Equécrates – De que forma?

Vou falar-te. Encontrava-me sentado **[89b]** num tamborete à sua direta, ao lado do leito, e ele estava numa posição bem mais alta do que a minha. Acariciando-me a cabeça e agarrando meus cabelos por trás – pois tinha o hábito, às vezes, de fazer troça sobre meu cabelo –, disse: "então provavelmente amanhã, caro Fédon, cortarás estes belos cachos!"[158]

"É o que parece, Sócrates", eu disse.

"Bem, não irás, se eu te persuadir".

"Mas por quê?", eu disse.

"Vou cortar hoje meus cabelos", ele disse, "e tu cortarás os teus, se nosso argumento morrer sem que possamos trazê-lo de volta à vida. **[89c]** De minha parte, se fosse tu e o argumento me escapasse, faria, como os Argeus[159], uma promessa de não deixar meus cabelos crescerem até que tenha contra-atacado e vencido o argumento de Símias e Cebes."

"Mas", eu disse, "contra dois, como dizem, nem mesmo Hércules foi capaz."

"Então me convoque", disse, "como teu Iolau[160], enquanto ainda é dia."

"Convoco sim", disse, "não como Hércules, mas como Iolau convocando Hércules."

"Não fará nenhuma diferença", disse. "Primeiro de tudo, acautelemo-nos para que não sejamos afetados por certo comportamento".

"Qual", disse.

"Nos tornarmos *misólogos*"[161], disse, tal como os que se tornam *misantropos* **[89d]**, uma vez que não é possível que alguém venha a sofrer um mal maior do que este: ter ódio de argumentos. A *misologia* e a *misantropia* surgem da mesma maneira. A *misantropia*, com efeito, instala-se como resultado de se confiar demasiadamente em alguém sem conhecimento[162], de se supor que a pessoa é inteiramente sincera, sã e confiável, mas um tempo depois se descobrir que é má e não confiável – e o mesmo acontecer em relação à outra pessoa. E tal tendo ocorrido a alguém muitas vezes, especialmente **[89e]** por causa de homens que ele poderia considerar seus amigos íntimos, após tantos tropeços o indivíduo finalmente odeia todo mundo e supõe que ninguém tem uma só qualidade que seja inteiramente boa. Alguma vez já reparaste nisto acontecendo?"

"Com certeza", eu disse.

"Então", ele disse, "isso não é vergonhoso? Não é evidente que tal indivíduo lidava com o ser humano sem conhecimento[163] sobre a natureza humana? Pois, provavelmente, se ele tivesse lidado com base em conhecimento, teria suposto as coisas como elas são, a saber: que os que são muito bons ou muito maus são poucos **[90a]**, mas é enorme o número dos que estão na situação intermediária.

"O que queres dizer?", disse eu.

"É o mesmo que ocorre", ele disse, "com o que é muito pequeno ou muito grande. Pensas que há algo mais incomum do que encontrar um homem muito grande ou muito pequeno, ou um cão ou qualquer outra coisa? E o mesmo pode ser dito do rápido e do lento, do feio e do belo, do branco e do preto? Ou não notaste que em todos esses casos os limites dos extremos são raros e poucos, mas os que estão no nível intermediário são abundantes e numerosos?"

"Com certeza", disse.

[90b] "Então", ele disse, "se fosse proposta uma competição em maldade, não crês que aí também poucos chegariam às primeiras posições?"

"Isso é bem provável", eu disse.

"De fato o é", ele disse. "Contudo os argumentos não são semelhantes aos homens nesse aspecto – como foste por essa via, eu te segui até aqui –, mas neste aqui[164]: quando alguém acredita que determinado argumento é verdadeiro, sem conhecimento sobre argumentos, mas um tempo depois pensa que o argumento é falso – algumas vezes sendo falso, outras vezes não sendo –, e assim, sucessivamente, com outro e outro. É o que ocorre, sobretudo, com aqueles que gastam seu tempo com argumentos **[90c]** contenciosos[165]. Sabes bem que estes, no fim, imaginam que se tornaram sumamente sábios, porque pensam terem percebido, como ninguém, que não há nada de sensato ou de firme nas coisas e nos argumentos, mas que tudo o que há na realidade comporta-se exatamente como no Euripo[166], ora de um jeito, ora de outro, não se estabilizando em tempo algum".

"O que dizes é a mais pura verdade", eu disse.

"Assim, caro Fédon", ele disse, "seria um incidente lamentável se, havendo de fato algum argumento que seja verdadeiro, firme e possível de se compreender, apesar disso, por ter entrado em contato com aqueles argumentos – **[90d]**, os mesmos sobre os quais ora se pensa que são verdadeiros, ora que são falsos –, a pessoa não culpasse a si mesma ou a própria falta de conhecimento, mas, pelo contrário, dada a perturbação sentida, terminasse por alegremente afastar de si a culpa para pô-la nos argumentos, e desde ponto em diante, até o resto de sua vida, continuasse odiando e insultando argumentos, e fosse privada do conhecimento e da verdade das coisas que são."

"Por Zeus", disse, "seria mesmo lamentável!"

"Assim, antes de tudo, tenhamos cuidado com isso", ele disse, "e não admitamos que entre em nossa alma a probabilidade de que não há nada **[90e]** sensato nos argumentos. É muito mais o caso de que nós ainda não somos sensatos e que é preciso empenhar uma vigorosa energia para sê-lo. Tu e os outros devem fazer isso por causa de toda a vida que ainda vos resta, enquanto eu o devo por causa da minha própria morte, dado que neste momento, no que diz respeito a ela, eu mesmo corro o risco **[91a]** de não agir filosoficamente, mas, à maneira dos que são totalmente sem instrução, apenas buscar a vitória. De fato, quando estes disputam acerca de algo, não consideram, no argumento que discutem, como as coisas são, mas empenham-se em como suas próprias teses podem ser adotadas pelos presentes. E penso que neste momento diferirei deles somente nesta medida: não empenhar-me-ei para que as coisas que digo pareçam verdadeiras aos presentes – a não ser por acaso –, e sim para que a mim assim pareçam, o quanto for possível. Pois eu calculo, meu caro amigo – e note quanta **[91b]** pretensão – que se porventura for verdade o que estou dizendo, então é muito adequado estar persuadido. Mas se, de outro lado, nada há no além para alguém que morreu, pelo menos, no curso do tempo que antecede minha morte, me pouparei de ser um lamuriento desagradável àqueles que estão comigo. E, de resto, esta minha crença insensata[167] não perdurará comigo – o que teria sido um mal –, mas em pouco tempo será destruída. Assim, preparado deste modo, Símias e Cebes", disse, "avanço contra o argumento. Vós, em todo caso, se **[91c]** fordes persuadidos por mim, dareis pouca atenção a Sócrates, mas muita à verdade: se julgardes que falo algo verdadeiro, concordai comigo, mas se julgardes que não, resisti com qualquer argumento, cuidando para que eu, com meu zelo, não iluda simultaneamente a vós e a mim próprio, como abelha que parte deixando atrás de si o ferrão."

"Mas prossigamos![168]", disse. "Antes de mais nada, lembrem-me o que diziam, no caso de não me recordar. Símias, parece-me, tem dúvidas e teme que, apesar de ser mais divina e bela do que o corpo, **[91d]** por ser um tipo de harmonia a alma pode perecer antes dele. Quanto a Cebes, pareceu-me concordar comigo num ponto, que a alma é mais duradoura do que o corpo, mas receia que não esteja claro a ninguém se, após ter usado vários corpos em tantas vidas distintas, ao deixar o último a própria alma não seja aí finalmente aniquilada, e se a morte não seria justamente isso: a destruição da alma, uma vez que o corpo, de sua parte, não cessa absolutamente de estar em contínuo perecimento. Não são estes os pontos, Símias e Cebes, que devemos examinar?"

[91e] Ambos concordaram.

"Pois bem", disse, "não aceitais nada dos argumentos precedentes, ou aceitais alguns, mas não outros?"

"Aceitamos alguns, mas outros não", ambos disseram.

"E o que tendes a dizer", falou, "sobre aquele argumento no qual dissemos que o aprendizado é reminiscência e que, sendo este o caso, nossa alma **[92a]** deve existir em outro lugar antes de ser atada ao corpo?

"De minha parte", disse Cebes, "naquele momento fui maravilhosamente convencido por este argumento, e ainda agora o apoio mais do que a qualquer outro."

"Sim!", disse Símias, "eu também estou com esta disposição, e ficaria absolutamente impressionado se acaso viesse a pensar diferente, ao menos sobre isso."

Sócrates, então, disse: "Pois bem, visitante tebano, te será necessário pensar diferente, se ainda manténs aquela noção de que a harmonia e as almas são compostas, e de que esta última se constitui a partir das propriedades mantidas em tensão no corpo. Pois não suponho que assumirás para si que a harmonia **[92b]** já estava composta, antes de existirem aqueles elementos a partir dos quais ela deveria ter sido composta. Ou assumirás?"

"De modo algum, Sócrates", disse.

"Percebes, então", disse Sócrates, "que tais coisas estão implicadas no que tu dizes, quando afirmas que a alma existe antes mesmo de ter entrado numa forma e corpo humanos[169], mas que ela é composta de elementos que sequer existem ainda? Uma harmonia certamente não é como o tipo de coisa com a qual tu a comparas[170], mas a lira, as cordas e as notas, ainda desarmônicos, vêm a ser antes da harmonia, que é a última **[92c]** de todos a se formar e a primeira a se destruir. Assim, como este teu argumento terá consonância com aquele?"[171]

"Não há como", disse.

"E, no entanto", disse "se é apropriado a algum outro argumento estar em consonância, certamente o é ao argumento sobre harmonia."

"É, sim, apropriado", disse Símias.

"Pois bem", ele disse", "este teu argumento não está em consonância. Vê, antes de tudo, qual dos dois argumentos tu escolhes: que o aprendizado é reminiscência ou que a alma é harmonia?"

"De longe o primeiro, Sócrates", disse. Pois este aqui veio a mim **[92d]** sem demonstração, mas como um tipo de probabilidade e plausibilidade superficial, razão pela qual recebe o assentimento da maior parte dos homens. Eu sei, contudo, que argumentos cujas demonstrações se fazem por meio de probabilidades são fraudulentos[172] e nos enganam, seja na geometria ou em qualquer oura área, a não ser que alguém se defenda muito bem contra eles. O argumento sobre a reminiscência e o aprendizado, por outro lado, tem sido expresso por uma hipótese digna de ser aceita. Pois foi dito[173], presumo, como segue: que nossa alma existe antes mesmo de entrar no corpo, da mesma forma que existe por si o ser, recebendo o nome de 'o que é'.[174] **[92e]** Persuadi-me[175] de que minha aceitação dessa hipótese foi adequada e correta. Por tais razões, como parece, não devo aceitar que se diga, expresso por mim ou por outro, que a alma é harmonia."

"E se considerares o tema da seguinte perspectiva?"[176], disse Sócrates. "Pensas pertencer à harmonia ou a qualquer outra forma **[93a]** de composto um estado que não seja aquele de seus componentes?"

"De forma alguma!".

"E certamente, como suponho, tampouco fazer ou sofrer algo de qualquer modo que seja distinto da forma como aqueles componentes podem agir ou sofrer?" Ele concordou.

"Não é próprio à harmonia, então, conduzir os componentes de que é feita, mas segui-los".

Ele concorda.

"Assim, a harmonia está longe de mover-se ou emitir sons em direções contrárias às suas partes, ou de opô-las de qualquer outra forma".

"De fato está longe disso", disse.

"E quanto a este ponto: não é natural que cada harmonia seja uma harmonia de acordo com o modo, seja qual for, pelo qual se produzirá a harmonia?"

"Não compreendo", disse.

"Não seria o caso", disse Sócrates, "que se fosse mais harmonizada e em grande extensão –

se isso pudesse ocorrer –, a harmonia seria maior e mais extensa, [93b], ao passo que se fosse menos e com menor extensão, seria uma harmonia menor e inferior."[177]

"Exatamente".

"Pois bem, é este também o caso em relação à alma, com o resultado de que, mesmo em menor escala, ela é isto: uma alma, podendo ser alma em maior extensão e mais intensa ou em menor extensão e menos intensa na comparação com outras?"

"De modo nenhum", respondeu.

"Em frente, então", disse, "em nome de Zeus. É dito que determinada alma possui inteligência, virtude e é boa, ao passo que outra possui irreflexão, viciosidade e é má? Isso é dito com verdade?"

"Sem dúvida com verdade!" **[93c]**

"Pois bem, dentre os que defenderam que a alma é a harmonia, o que alguém dirá sobre a presença de tais qualidades – virtude e vício – na alma? Que uma é variação de harmonia e a outra desarmonia? Que uma, a alma boa, foi harmonizada e que, sendo já uma harmonia, contém em si outra, enquanto que a outra é ela mesma desarmônica, não contendo em si nenhuma harmonia?"

"De minha parte, não estou em condições de responder", disse Símias, "embora pareça evidente que é algo nessa linha que dirá quem esteve supondo isso."

"Mas já foi acordado previamente", disse, "que uma alma não é mais ou **[93d]** menos alma do que outra. E isso significa que o acordo é este: que uma harmonia, comparada a outra, não é mais e em maior extensão ou menos e em menor extensão. Não é isso?"

"Exatamente".

"E o que não tem sido mais ou menos harmonia, tampouco tem estado mais ou menos harmonizado. É assim?"

"É".

"E o que não está nem mais e nem menos harmonizado participa em maior ou menor grau da harmonia, ou participa em grau igual?"

"Igual".

"E então uma alma, visto que não é, relativa a outra [93e], nem mais e nem menos que isto: uma alma, tampouco é mais ou menos harmonizada?"

"Isso mesmo!"

"E, nesta condição, uma alma não poderia ter, mais do que outra, qualquer porção a mais de desarmonia ou de harmonia?"[178]

"Certamente não!"

"Nesta condição, ainda, poderia ter qualquer porção a mais de vício ou de virtude relativa a outra, se, de fato, o vício fosse desarmonia e a virtude harmonia?"

"Não, nada a mais."

[94a] "E tem mais, Símias. Suponho que, de acordo com o argumento correto, nenhuma alma, enquanto for harmonia, teria uma parte de vício, pois se, presumivelmente, ela é plenamente isto, uma harmonia, jamais poderia ter uma parte da desarmonia."

"Certamente não".

"E nem, presumivelmente, sendo plenamente uma alma, poderia ter uma parte de vício."

"Como o poderia, considerando o que foi dito previamente?"[179]

"Estas considerações nos obrigam então a concluir que todas as almas de todos os seres vivos serão igualmente boas, se é verdade que por natureza são precisamente isto: almas."

"É o que me parece ser o caso, Sócrates", disse.

"E pensas que isso seria aceitável de se dizer" disse Sócrates, "e que o argumento viria a experimentar **[94b]** essa conclusão, se fosse correta a hipótese de que a alma é harmonia?"

"De jeito nenhum!"

"E sobre o que segue?", disse Sócrates. "De tudo o que há num ser humano, dirias que alguma outra coisa comanda além da alma, especialmente a alma inteligente?"

"Eu não diria isso."

"E ela o faz estando de acordo com as paixões do corpo ou, antes, opondo-se a estas? Refiro-me a experiências desse tipo: quando, por exemplo, febre e sede se instalam no corpo, a alma o puxa no sentido oposto: não ter sede, ou quando se instala a fome, ela o puxa para o não ter fome, e provavelmente há milhares de outros modos nos quais vemos a alma opondo-se ao que ocorre no corpo, ou não é assim?" **[94c]**

"Com toda certeza é."

"Ora: não concordamos previamente que, se a alma fosse de fato uma harmonia, ela jamais poderia entoar músicas em oposição às tensões, relaxamentos, vibrações, ou qualquer outra afeção dos elementos a partir dos quais ela vem a ser constituída, mas deveria segui-los[180] e nunca os conduzir?"

"Concordamos", disse. "Como não o fazer?"

"Pois bem: não nos parece, atualmente, que a alma está fazendo precisamente o inverso, conduzindo todos aqueles elementos que, segundo o defensor da teoria, a compõem, opondo-se a eles em praticamente tudo durante sua vida **[94d]** e despoticamente governando-os de todas as formas possíveis – a alguns corrigindo severamente e com dores, pela ginástica e medicina, mas a outros mais gentilmente: ameaçando uns, advertindo outros e dialogando com desejos, cóleras e temores de uma forma que a revela ser distinta deles? É o tipo de coisa que também Homero, suponho, compôs na *Odisseia*, quando relata sobre Odisseu: *tendo batido no peito, repreendeu o coração com esta fala: suporta, coração! Já suportaste coisa bem pior.*"[181] **[94e]**

"Crês tu que ele compôs isso apoiado na concepção de que a alma é harmonia e o tipo de coisa a ser guiada pelas paixões do corpo, ao invés de dirigi-las e dominá-las, concebendo-a como muito divina para ser igualada à harmonia?"

"Por Zeus, Sócrates, é o que eu penso!"

"Consequentemente, meu caro, não há qualquer meio que torne aceitável dizermos que a alma é harmonia **[95a]**. Se o fizermos parece que não estaremos de acordo nem com Homero, poeta divino[182], nem com nós mesmos."

"É isso mesmo", respondeu.

[183]"Pois bem", disse Sócrates, "parece que os interesses de Harmonia, a deusa tebana[184], tornaram-se de certo modo moderadamente propícios a nós. Mas e quanto aos de Cadmo, Cebes: de que forma e com que argumento o propiciaremos?"

"Penso que tu encontrarás um, disse Cebes. De qualquer modo, é espantoso como este argumento aqui, o que proferiste contra a harmonia, foi contrário às minhas expectativas. Quando Símias falava sobre o que lhe causava[185] dificuldade, meu espanto **[95b]** era se alguém seria de algum modo capaz de lidar com seu argumento. Pareceu-me, assim, muito estranho que tão rápido o argumento dele sucumbiu ao primeiro golpe do teu. Não me espantaria, portanto, se isso também ocorresse ao argumento de Cadmo."

"Meu caro", disse Sócrates, "baixe o tom, para que nenhum mau-olhado derrube o argumento que está por vir. Na verdade, isso que disseste será conforme a vontade do deus, mas nós, no estilo homérico do corpo a corpo, busquemos examinar se há realmente algo no que estás dizendo. O ponto central do que procuras saber é isso: pensas ser crucial ser demonstrado que nossa alma é indestrutível [95c] e imortal. Procuras saber se não terá experimentado uma confiança insensata e tola um homem que é filósofo e que, estando prestes a morrer, confia firmemente que depois de sua morte será mais bem-sucedido do que seria se estivesse morrendo após ter vivido uma vida diferente. Mas no que se refere a mostrar que a alma é uma coisa resistente, com forma divina e que existia antes mesmo de nos tornarmos humanos, tu alegas que nada impede que tudo isso revele, não a imortalidade, mas que a alma tem longa duração, que já existia em algum lugar por inconcebível longo tempo, que conhecera[186] e que fazia outras coisas. Contudo, tu alegas, nada disso a torna especialmente imortal, mas, pelo contrário, o próprio fato [95d] de ter vindo para um corpo humano foi o começo de sua destruição, como uma doença e, tendo efetivamente vivido esta vida em amargura, foi no fim destruída na chamada 'morte'. No mais, tu dizes que difere em nada se ela veio ao corpo uma ou várias vezes, pelo menos no que diz respeito ao que cada um de nós tememos. É um temor apropriado, aliás – a menos que seja insensato – àquele que não conhece e não tem um argumento para demonstrar que a alma é imortal. São estas [95e], penso eu, as afirmações que fazes, caro Cebes. Propositadamente estou retomando-as várias vezes, a fim de que nada nos escape e tu acrescentes ou subtraias algo, caso queiras."

Cebes disse: "eu, pelo menos, no presente momento nada tenho a acrescer ou subtrair. Tais afirmações são as que fiz".

[95e7] Em seguida, Sócrates fez uma pausa por um longo tempo, examinando algo consigo mesmo, e disse: "não é um tema irrisório o que tu investigas, Cebes. É necessário fazer um estudo minu-

cioso, [**96a**] portanto, sobre a causa[187] da geração e da destruição em geral.[188] Assim, se quiseres, descrever-te-ei minhas próprias experiências sobre esses temas. E, então, se qualquer das coisas que te digo parecer-te útil, poderás empregá-la para formar convicção nos pontos sobre os quais discorres."

"Sem dúvida, é justamente o que quero", disse Cebes.

"Então ouve, porque estou para te contar. Pois bem, Cebes", disse ele, "na juventude fiquei tão intensamente ávido por esse tipo de sabedoria a que chamam 'investigação sobre a natureza'[189]. Parecia-me, com efeito, magnífico conhecer as causas de cada coisa, por que cada uma vem a ser, por que perece e por que é o que é. Muitas vezes me movia para trás e para frente nesses tópicos, examinando, primeiro de tudo, questões como as seguintes. [**96b**] Será mesmo, como alguns dizem, que os seres vivos são alimentados quando o quente e o frio são afetados por um tipo de putrefação? É por meio do sangue, do ar ou do fogo que pensamos? Ou por nenhuma dessas coisas, mas é o cérebro que fornece as sensações de ouvir, ver e cheirar, das quais a memória e a opinião se formam, e da memória e opinião, quando obtêm estabilidade, o conhecimento surge conforme essas coisas? Em seguida, investigando a destruição dessas coisas, bem como os fenômenos que se dão no céu e na terra [**96c**], julguei-me por fim naturalmente hábil, sem par com nenhuma outra criatura, para esse tipo de investigação."

"Vou exprimir-te um testemunho suficiente disso. As coisas sobre as quais eu tinha um conhecimento claro – pelo menos como eu e outro pensámos –, esses estudos me cegaram tanto, que desaprendi até mesmo aquelas que antes pensava saber, incluindo, entre vários tópicos, por que o homem cresce. Sobre isso eu pensava, anteriormente, o que a todos é evidente, que é por causa do comer e do beber. Pois a cada vez **[96d]** que carnes, pelo alimento, são acrescentadas a outras carnes, e ossos a outros ossos e, pelo mesmo princípio, o que é próprio a cada um deles é acrescentado a suas outras partes, é exatamente aí que o volume, sendo pequeno, torna-se mais tarde maior; e é dessa maneira que um ser humano pequeno vem a ser grande. Assim eu pensava na época. Não te parece razoável?"

"Pelo que me parece, sim", disse Cebes.

"Pois bem. Examina agora também estes casos. Eu pensava ser suficiente minha opinião de que quando alguém, posicionando-se ao lado de uma pessoa pequena, parecesse alto, que era maior pela cabeça, e pela mesma medida um cavalo seria maior do que outro. E o que achava ainda mais evidente do que isso: **[96e]** que 10 era maior do que 8 por se adicionar 2 ao 8; e dois côvados[190] maior do que um por excedê-lo pela metade".

"Muito bem. E agora, o que pensas sobre essas coisas?"

"Penso, por Zeus, que estou muito longe de conhecer a causa destas coisas, eu que nem sequer sinto-me em condições de dizer, quando alguém adiciona uma unidade à outra, se é a que recebeu a adição que se torna dois, se é a que foi adicionada[191] ou se ambas, pela adição mútua, tornam-se duas. **[97a]** Pois acho espantoso que quando uma estava separada da outra, cada unidade era uma e não formavam duas nesse momento, mas quando se aproximam mutuamente, isso então torna-se a causa de se tornarem duas: a união que consistiu em colocá-las uma junto da outra. E não consigo tampouco ser persuadido, no caso de alguém dividir a unidade, que isso, a divisão, torne-se a causa de surgir uma dupla. Pois, se é assim, surge uma causa do vir a ser dois que é contrária à anterior. **[97b]** No primeiro caso, com efeito, era porque se aproximaram e foram adicionados um ao outro, e agora é porque um é removido e separado do outro. E não estou convencido de que sei por que vem a ser um; nem, em uma palavra, por que qualquer coisa nasce, é destruída ou é o que é, conforme esse modo de investigação. Ao invés disso, lanço-me impulsivamente por conta própria a outro método e não aceito mais este de jeito nenhum!

No entanto, certa vez ouvi alguém lendo um livro, cujo autor seria Anaxágoras, e dizendo que a inteligência[192] é a ordenadora e a causa de tudo [97c]. Fiquei encantado com esse tipo de causa e, de algum modo, me pareceu ser bom que a inteligência seja a causa de todas as coisas. Imaginei então que, se é assim, a inteligência, ao organizar, arranja tudo e ordena cada coisa na melhor forma possível; e se alguém desejasse descobrir a causa pela qual cada coisa vem a ser, é destruída ou é o que é, seria necessário descobrir isso: de que modo é melhor para a coisa ser o que é, fazer ou sofrer o que quer que seja [97d]. Ora, por esse argumento, concerne ao ser humano examinar nada além do que é o excelente e o melhor, tanto sobre si mesmo como sobe as outras coisas. De outro lado, este ser humano deve conhecer também o pior, pois o conhecimento sobre ambos é o mesmo.[193] Refletindo precisamente nestes temas, pensava razoavelmente ter achado em Anaxágoras um professor sobre a causa dos seres conforme minha mente desejava. Anaxágoras iria me dizer, antes de tudo, se a terra é plana ou redonda [97e] e, tendo me explicando isso, me detalharia a causa e necessidade de que seja assim, exprimindo a melhor causa, isto é, que é melhor para ela ter sido assim. E se ele dissesse que a terra está no centro do universo, também detalharia como é melhor para ela estar no centro. E se ele me mostrasse tais coisas, eu estaria disposto [98a] a jamais desejar outra espécie de causa. Em particular, estaria igualmente disposto a aprender sobre o sol do mesmo modo, bem como a lua e outros astros, sobre velocidade relativa, revoluções e outros fenômenos que lhes são próprios e de que modo, afinal, é melhor para cada um agir e receber ação sob a forma que lhes ocorre. Pois jamais supus que Anaxágoras, tendo sustentado que foram ordenados pela inteligência, pudesse lhes atribuir outra causa que não seja a de que é melhor para eles serem como são. E julgava que, atribuindo a causa **[98b]** a cada um deles e a todos em comum, ele sobretudo iria explicar em acréscimo o que é melhor a cada um e o que é o bem comum a todos. E não abandonaria minhas esperanças por um bom preço, mas com muita seriedade agarrei seu livro e comecei a lê-lo sem mais delongas, a fim de que pudesse conhecer o melhor e o pior tão rápido quanto possível.

Mas de altíssimas esperanças fui lançado ladeira abaixo, meu caro! À medida que avanço na leitura, vejo que o homem não faz uso algum da inteligência e nem lhe atribui responsabilidade no ordenamento das coisas, mas **[98c]** responsabiliza o ar, o éter, a água e outros itens variados e deslocados. De fato, ele me pareceu estar exatamente na mesma posição de alguém que, embora dissesse que Sócrates faz tudo o que faz por inteligência, depois, ao tentar enumerar as razões de cada ato que pratico, dissesse primeiro que a explicação de eu me achar sentado agora aqui é que meu corpo consiste de ossos e tendões; que os ossos são sólidos e possuem articulações separando-os uns dos outros, e que os tendões são o tipo de coisa que pode se contrair e relaxar e que revestem os ossos **[98d]** junto com as carnes e peles que os contêm; estando então os ossos suspensos em seus ligamentos, os tendões, distendendo-se e entesando-se, me tornam capaz, de alguma forma, de flexionar meus membros nesse momento. E essa é a causa pela qual estou sentado aqui com minhas pernas flexionadas. Ou, por sua vez, dissesse outras causas similares em relação à minha conversa contigo, responsabilizando fonações, ares, audição e ouros incontáveis itens desse tipo, negligenciando as verdadeiras causas, a saber: **[98e]** uma vez que os atenienses julgaram que era melhor votar contra mim, precisamente por isso eu julguei ser melhor ficar aqui sentado e mais justo permanecer e suportar qualquer que seja a pena que venham a decretar. Pois, pelo Cão! Eu acho que esses **[99a]** meus músculos e ossos há muito tempo já estariam perto de Mégara ou da Beócia[194], transportados pela opinião sobre o que é o melhor, se eu não achasse mais justo e honroso, ao invés de evadir-me e sair correndo, suportar qualquer que seja a pena ordenada pela cidade."

"Chamar tais coisas de *causas*, contudo, é estranho. Por um lado, se alguém dissesse que sem possuí-las – músculos, ossos e todo o resto que tenho – eu não seria capaz de fazer o que penso ser o melhor, estaria dizendo a verdade. Mas, de outro, dizer que faço o que faço *por causa* destas coisas e não por minha escolha do que é o melhor **[99b]**, ainda que se diga que as desempenho pelo uso da minha inteligência[195], seria um modo de falar exageradamente descuidado. Não ser capaz de distinguir que a causa real é uma coisa e aquilo sem o que a causa jamais poderia ser causa é outra!? É precisamente o que me parece estar fazendo a maior parte das pessoas: tateiam na escuridão, por assim dizer, usando um nome que pertence a outro objeto para se referirem à causa. Por isso alguém coloca um vórtice em torno da terra e a mantém efetivamente no lugar sob a influência do céu, enquanto outro a compara a um pilão largo e chato, suportada de baixo pelo ar,[196] **[99c]** mas não buscam a capacidade destas coisas para estarem agora localizadas na melhor posição que lhes é possível e tampouco supõem que há alguma força divina nisso. Estimam, contudo, que em algum momento possam encontrar um

Atlas[197] mais forte e mais imortal, que reúna todas as coisas melhor do que o atual, sem considerarem que o que é bom e necessário verdadeiramente as conecta e suporta."

"Agora, alegremente eu me tornaria aluno de quem souber o que exatamente é esse tipo de causa. Mas, uma vez que estou privado disso – não consegui nem encontrar por mim e nem aprender com outro –, tu desejas, Cebes, que eu te dê um relato sobre como me engajei **[99d]** em minha segunda navegação[198] na busca da causa?"

"Certamente que sim: quero muito!", ele disse.

"Pois bem", disse ele, "depois disso – uma vez que renunciara à investigação das próprias coisas[199] – considerei que devia acautelar-me para não passar pelo que passam os que olham e observam o sol durante um eclipse; alguns, suponho, arruínam os olhos se não observam na água a imagem do sol ou em outro meio desse tipo. Algo assim eu também **[99e]** considerei, isto é, temi cegar completamente minha alma por observar as coisas com os olhos, ao buscar atingi-las com cada um dos meus sentidos. Ponderei então que devia refugiar-me nas proposições[200] e investigar nelas a verdade sobre as coisas. Talvez não seja, de certa forma, como o estou comparando, pois não concedo de modo algum que quem examina as coisas nas proposições **[100a]** as examina em imagens mais do que quem as examina nas experiências diretas[201]. Pois bem, em todo caso, eu me lancei de fato por esse caminho: assumindo, em cada caso, como minha hipótese a proposição[202] que me parece a mais consistente[203], estabeleço como verdadeiro o que parece estar em acordo com ela – sobre as causas e sobre qualquer outra coisa – e como não verdadeiro o que não estiver. Desejo, porém, exprimir-te de forma mais clara o que estou dizendo, pois não acho que o tenha compreendido até aqui."

"Não, por Zeus, de fato não entendi muito bem!"

[100b] "Isso", ele disse, "é o que quero dizer – não é nada novo, mas o que nunca cessei de dizer, em outros momentos dessa conversa[204] e no presente argumento. Esforçar-me-ei então para expor-te a espécie de causa com a qual tenho me ocupado. Novamente volto-me àqueles itens que têm sido objeto frequente de nossas discussões e, tomando-os como ponto de partida, estabeleço como hipótese que há algo belo em si mesmo, algo bom, algo grande e todo o resto. Se me concedes isso e concordas que tais coisas existem[205], espero assim expor-te a causa como um resultado disso e descobrir que a alma é imortal.[206]

[100c] "Certamente", disse Cebes. "Dado que o concedo, não perca tempo em concluir o ponto."

"Examina, então, o que vem na sequência dessas coisas e se tu tens a mesma opinião que eu. Parece-me ser o caso que, se há outro belo além do próprio belo, é belo porque participa[207] naquele belo e por nenhum outro motivo. E me expresso assim sobre todo o resto. Estás de acordo sobre essa causa?"

"Concordo", disse.

"Assim", disse, "ainda não compreendo e nem sou capaz de conhecer aquelas outras causas inteligentes, mas se alguém me disser porque este ou aquele é belo **[100d]**, seja por ter uma cor vívida, pela forma ou qualquer outro aspecto desse tipo, digo adeus àquelas outras causas – pois fico confuso em meio a elas – e, de minha parte, sustento isso, de um modo direto, simples e talvez ingênuo: que nada mais o torna belo exceto o próprio belo, seja por sua presença, por associação com ele ou por qualquer outro meio e maneira de ser ligado a ele[208]; pois nem insisto muito nisso e sim que todas as coisas belas são belas pelo belo[209]. Isso me parece mais seguro como resposta a mim e a outro e acredito **[100e]** que se me agarrar a isso jamais vou falhar. Penso, assim, que é seguro, para mim e para qualquer pessoa, responder que pelo belo as coisas se tornam belas. Tu não pensas assim também?"

"Penso."

"E, na mesma linha, pela grandeza as coisas grandes são grandes, pelo maior são maiores e pela pequenez as pequenas são pequenas?"

"Sim".

"Tu não aceitarias, portanto, se alguém te dissesse que um indivíduo é maior do que outro pela cabeça, e que outro indivíduo é menor pela mesma diferença[210]. Pelo contrário, protestarias firmemente que te comprometes apenas **[101a]** com o fato que todo item maior do que outro o é pela grandeza e que é por causa da grandeza que o objeto é maior. Quanto ao que é menor do que outro, diria apenas que é pela pequenez e que é por causa da pequenez que a coisa é menor. Recearias, suponho, ter que encarar um argumento contrário caso afirmasses que alguém é maior ou menor pela cabeça. Primeiro, porque pela mesma razão o maior seria maior e o menor seria menor. Depois, porque seria espantoso alguém ser grande por causa de algo menor. Ou não recearias essas consequências?" **[101b]**

Cebes caiu em gargalhada e disse: "eu teria sim esse receio!"

"Do mesmo modo", disse Sócrates, "não recearias dizer que dez é mais do que oito pelo 2, que excede 8 por essa causa, em vez de dizer que é pela quantidade e por causa dela? E, igualmente, afirmar que dois côvados são maiores do que um pela metade, em vez de dizer que é que por causa da grandeza? Imagino haver nestes casos o mesmo tipo de receio."

"Certamente", disse.

"E sobre o que segue? Não evitarias dizer que **[101c]**, quando uma unidade é adicionada a outra, a adição foi a causa do tornar-se dois, ou que, sendo a unidade fracionada, o fracionamento foi a causa? De fato, bradarias alto que não conheces outra forma pela qual cada coisa vem a ser exceto participando na essência específica de cada uma das coisas[211] de que toma parte e que, nos casos presentes, tu não dispões de outra causa do tornar-se dois que não seja a participação na dualidade, sendo necessário participar na dualidade tudo o que pretenda ser dois, assim como participar na unidade tudo o que pretenda ser um. Assim, darias adeus a tais divisões, adições e outras respostas refinadas, permitindo que as usem como resposta os que são mais sábios do que tu. **[101d]** Tu, porém, terias medo, como se diz, de tua própria sombra e inexperiência e, apoiando-te naquela parte segura da hipótese, responderias apropriadamente. Mas se alguém desafiasse a própria hipótese, tu ignorarias e não responderias até que tivesses examinado se as consequências que dela decorrem concordam ou discordam entre si. De outro lado, quando fosse necessário oferecer uma explicação sobre a hipótese em si, responderias da mesma maneira, supondo uma nova hipótese – a que parecesse a melhor entre as que estão acima –, até que chegasses a algo adequado. **[101e]** Ao mesmo tempo, tu evitarias misturar o que é objeto de teu discurso como princípio com o que é objeto como consequência, como fazem os contraditores[212], pelo menos se desejasses descobrir algo sobre as coisas que são. Para aqueles é mais provável, de fato, que não exista qualquer argumento ou pensamento sobre o que estamos discutindo, pois, graças à técnica que possuem, são capazes de misturar todas as coisas e mesmo assim sentirem-se satisfeitos consigo mesmos. Penso que tu, porém, se és um filósofo, farias como te digo." **[102a]**

"Isso é bem verdadeiro", disseram Cebes e Símias juntos.

Equécrates – Por Zeus, Fédon, é bem razoável. De fato, eu pensei como foi extraordinária a clareza com que ele disse tais coisas, mesmo a alguém que tem pouca inteligência."[213]

Fédon – Exatamente, Equécrates. Foi também a impressão dos que lá estávamos.

Equécrates – Sim. Também a nós, que éramos ausentes, mas agora estamos ouvindo. De todo modo, o que foi dito depois disso?

Fédon – Pelo que me recordo, quando obteve o assentimento deles sobre isso [102b], tendo sido acordado que cada uma das Formas é algo[214] e que as outras coisas, participando delas, conservam suas denominações de acordo com essa participação, depois disso ele perguntou o que segue[215]. "Então, Cebes, considerando[216] o que estás afirmando, quando dizes que Símias é maior do que Sócrates, mas menor do que Fédon, não estás dizendo que nesse momento tanto a grandeza quanto a pequenez estão em Símias?"

"Isso mesmo."

"Contudo", disse ele, "concordas por certo que, no que se refere a 'Símias exceder Sócrates', a verdade, de fato, não é como está expressa nestas palavras[217]? Pois suponho que estás de acordo que Símias não está disposto por natureza a exceder [102c] Sócrates por causa disso: por ser Símias[218], mas por causa da grandeza que lhe ocorre possuir. Igualmente, estás de acordo que Símias não excede Sócrates porque Sócrates é Sócrates[219], mas porque Sócrates tem pequenez em relação à grandeza de Símias?"

"Verdade."

"Sim, mas tampouco Símias é excedido por Fédon porque Fédon é Fédon, mas porque Fédon tem grandeza em relação à pequenez de Símias?"[220]

"É isso."

"Não seria dessa forma, portanto, que Símias é denominado pequeno e grande, porque ele está no meio de ambos, submetendo sua pequenez à grandeza **[102d]** de um e sendo por este excedido, mas fornecendo ao outro a grandeza que o excede?" Foi quando começou a sorrir e disse: "pareço mesmo estar falando como um tratado, mas, para todos os efeitos, o ponto provavelmente é como digo." Cebes concordava.

"Pois bem, estou dizendo isso porque quero que tenhas o mesmo pensamento que eu. Parece-me, com efeito, não só que a própria grandeza nunca está disposta[221] a ser grande e pequena ao mesmo tempo, mas também que a grandeza em nós jamais acolhe o pequeno e nem se dispõe a ser excedida. Na verdade, destas duas alternativas, uma deve ser o caso: ou evadir-se e se afastar sempre que seu oposto, a pequenez, avançar sobre ela, ou, ao cabo desse avanço **[102e]**, ter perecido. Mas não se dispõe a sustentar seu posto e acolher a pequenez, tornando-se algo distinto do que era. Veja o meu caso: tenho acolhido sem arredar o pé a pequenez, porém sendo ainda como sou, este homem pequeno que está aqui. Aquela[222], contudo, sendo grande, não aguentou ser pequena. Do mesmo modo, também aquela pequenez que está em nós nunca se dispõe a tornar-se ou ser grande. E tampouco qualquer outro oposto se dispõe a tornar-se ou ser seu oposto **[103a]** na medida em que continua sendo exatamente o que era. Quando isso lhe acontece ele parte, como sabes, ou então perece."

"Parece-me ser exatamente assim!", disse Cebes.

Um dos presentes – quem era não me recordo claramente –, ouvindo isso, disse: "Pelos deuses, não acordais, na discussão anterior, o contrário do que agora é dito, que o grande vem a ser do pequeno e o pequeno do grande e que a geração para os opostos é simplesmente isso: a partir de seus opostos?

Agora, porém, parece-me que se diz que isso nunca poderia acontecer."

Sócrates, inclinando a cabeça, ouviu. Então disse: **[103b]** "Recordaste bravamente! Não compreendes, no entanto, a diferença entre o que se diz agora e o que foi dito naquele momento. Pois naquele momento se dizia que um item oposto concreto vem a ser do seu respectivo oposto, enquanto que agora o que se diz é que o oposto por si mesmo jamais poderia tornar-se seu oposto, nem o que está em nós, nem o que é por natureza[223]. Assim, meu amigo, naquele momento falávamos sobre coisas possuindo os opostos, nomeando-as pelos nomes daqueles opostos, mas agora falamos sobre os próprios opostos, os quais, estando nas coisas, fazem com que estas recebam suas designações. **[103c]** Estamos dizendo que tais opostos em si jamais se inclinariam a aceitar uma geração uns de outros." Depois olhou diretamente para Cebes e disse: "Não imagino, Cebes, que tu também te perturbaste por qualquer das coisas que essa pessoa disse?"

"Nem estou novamente nesse estado![224] Entretanto, não nego que muitos pontos ainda me perturbam."

"Então", disse, "nós chegamos a um acordo, sem mais, sobre isso: que nada jamais será o oposto de si próprio."

"Absolutamente", disse.

"Pois bem, examina ainda isso, por favor, e vê se concordas: chamas algo de 'quente' e algo de 'frio'[225]?"

"Eu sim."

"São o mesmo que 'neve' e 'fogo'?"

"Por Zeus, tenho certeza que não!" **[103d]**

"Mas 'o quente' é algo diferente do 'fogo' da mesma forma que 'o frio' é algo diferente de 'neve'?"

"Sim."

"Mas isto eu suponho que tu também concordas: que a neve, enquanto é neve e aceitando o quente, como dissemos anteriormente, já não será precisamente o que era, *neve*, e também *quente*, mas, com o avanço do quente sobre ela, ou se retirará gradualmente ou perecerá."

"Exatamente."

"E o fogo, de seu lado, com o avanço do frio sobre ele, ou retira-se gradualmente ou perece; jamais suportará, certamente, enquanto aceita a frieza[226], ser ainda o que era, fogo, e ser frio."

"Dizes a verdade", disse. **[103e]**

"Então é o caso", ele disse, "no que concerne a algumas coisas desse tipo[227], que não só a própria forma[228] é merecedora do seu nome por um tempo eterno, como também há algo mais que o merece, algo que não é aquela forma, mas que carrega sempre a característica[229] dela enquanto existir. No mais, talvez no exemplo a seguir o que estou dizendo fique mais claro: *o ímpar*, presumo, deve sempre receber este nome que por agora lhe damos, ou não?"

"Sim."

"Pergunto-te então isso: dentre os itens que são, este é o único[230] ou há algum outro, que não é exatamente como o ímpar, porém, juntamente **[104a]** com seu próprio nome, deve também ser nomeado 'ímpar', por ser constituído de forma a nunca estar separado do ímpar? Quero dizer, por exemplo, que se trata do tipo de coisa que acontece com o número três[231], bem como com muitas outras coisas. Examine o caso do três: não te parece que 'três' deve sempre ser designado por seu próprio nome e pelo ímpar, ainda que este não seja exatamente o que o três é? É que, sem embargo, três, cinco e a metade dos números **[104b]** têm essa característica: não sendo exatamente o que o ímpar é, cada um sempre é ímpar. Semelhantemente, por sua vez, dois, quatro e a série inteira da outra metade dos números, não sendo precisamente o que o par é, cada um sempre é par. Concordas ou não?"

"Como eu poderia não concordar?", disse.

"Pois bem: observa o que quero mostrar. É o seguinte. Parece evidente que não somente aqueles opostos não aceitam um ao outro[232], mas também há itens que, não sendo opostos entre si[233], sempre contêm opostos; parece que tampouco estes aceitam aquela característica[234], seja qual for, que seria contrária à característica que está neles, mas, com o avanço daquela, ou bem **[104c]** perecem ou se retiram. Ou não concordaremos que o número três perecerá ou aceitará sofrer o que quer que seja, antes de permanecer e tornar-se par, enquanto ainda é três?"

"Absolutamente", disse Cebes.

"E certamente", disse "dois não é oposto a três".

"Não é, de fato."

"Neste caso, não são somente as formas opostas que não suportam o avanço uma sobre a outra, mas há itens que também não suportam o avanço dos opostos."

"O que dizes é verdade!"

"Queres tu, então", ele disse, "que definamos, se o pudermos, que tipo de itens são esses?

"Sem dúvida!"

"**[104d]** Pois bem, não seriam estes: itens que forçam o que quer que ocupem[235] não só a terem sua característica[236], mas também a invariavelmente terem a característica de algum oposto?"[237]

"O que queres dizer?"

"Refiro-me ao que falávamos há pouco. Sabes, por certo, que, para quaisquer dos itens que a forma[238] ocupe, há necessidade de serem não apenas três, mas ímpar?"

"Absolutamente."

"Pois bem, estamos então dizendo que a forma oposta ao item que produz esse resultado[239] jamais viria para perto de algo assim."

"Não viria."

"E vimos que tal resultado vinha da forma do ímpar?"

"Sim."

"Cuja característica oposta é a forma do par?"

"Sim".

[104e] "Portanto, a forma do par jamais se apresentará ao três."

"Não, com certeza!"

"Segue-se que o três não tem nenhuma parte do par."

"Não, parte alguma."

"Portanto, a tríade[240] é não par."

"Sim."

"No que se refere ao que eu disse que devíamos definir, sobre quais coisas, não sendo opostas a algo, não admitem, contudo, o oposto deste – como no caso presente, a tríade, que não é oposta ao par, mas não o admite de forma alguma porque sempre traz o oposto do par, ou a díade que traz o oposto do ímpar, o fogo que traz o oposto do frio, e assim com muitos outros –, de todo modo, vê agora se **[105a]** tu defines assim: não somente um oposto não aceita o outro, mas também é o caso que um objeto que carregue consigo algum aspecto oposto àquilo do qual ele próprio se aproxime, isto é, o próprio item que faz esta aproximação, jamais aceitará o oposto do aspecto carregado por ele. Rememore novamente, pois não é má ideia ouvir o mesmo ponto muitas vezes! O cinco não admite a forma do par, nem o dez, que é seu dobro, admite a forma do ímpar. Com efeito, este dobro é ele próprio também oposto a outra coisa, mas na mesma linha não admitirá a forma do **[105b]** ímpar. Também frações como 'um e meio' e nem as demais desse tipo – 'a metade', bem como, por sua vez, 'o terço' e todas as outras desse tipo – irão admitir a forma do todo, se é que me segues e concordas que é assim."[241]

"Tanto concordo como entendo plenamente!", disse.

"Uma vez mais, portanto, fala a partir do começo", disse. "E não me responda considerando o que pergunto, mas imitando-me. Digo isso porque, para além da resposta sobre a qual eu falava antes – aquela resposta segura – considerando o que estamos dizendo agora,[242] vejo uma forma diferente de segurança. Pois se me perguntasses: "o que é isto que ocorre num corpo qualquer e que o torna quente?", não darei **[105c]** aquela segura, porém tola resposta – que se trata do calor –, mas uma mais refinada, com base no que dizemos agora: é o fogo![243] E se me perguntasses o que é isso que ocorre num corpo vivo qualquer e que o torna doente, não direi que é a doença, mas que se trata da febre. Ou se a pergunta é sobre o que ocorre em um número qualquer e que o torna ímpar, não direi que é a imparidade, mas que é a unidade. E assim nos demais casos. Mas observa se já estás suficientemente esclarecido acerca do que quero."

"Sim, com perfeita suficiência!"

"Pois então responda", disse ele, "o que é que ocorre em qualquer corpo e que o faz estar vivo?"

"Em qualquer caso é a alma", disse Cebes.

[105d] "E é sempre assim?"

"Sim, como não seria?", disse ele.

"Assim, o que quer que ela ocupe, ela sempre traz vida a tal coisa?

"Certamente traz."

"E a vida possui um oposto ou não?"

"Sim, possui."

"Qual?"

"A morte."

"Assim, a alma absolutamente jamais admitirá o oposto disto que que ela sempre carrega consigo, como foi acordado anteriormente?"

"Estou muito seguro de que sim!", disse Cebes.

"Pois bem: como nomeamos atualmente o item que não admite o par?"

"Nomeamos 'não par'."

"E como nomeamos o que não admite o justo e o que não admite o musical?"

[105e] "A um chamaremos 'não musical' e a outro 'não justo'."

"Pois bem. Como chamaremos qualquer item que não admite a morte?

"'Imortal'", disse.

"Com efeito, a alma não admite a morte?"

"Não admite."

"Ela é, portanto, imortal?"[244]

"Sim. Imortal."

"Muito bem", disse. "É o caso de dizermos que isso foi demonstrado? Ou o que pensas?"

"Que foi demonstrado suficientemente, Sócrates!"

"Pois bem, Cebes", ele disse. "Se fosse necessário ao não par ser indestrutível, o três certamente seria indestrutível?" **[106a]**

"Sim, como não?"

"Portanto, se fosse também necessário ao não quente ser indestrutível, sempre que algo trouxesse o quente à neve, esta retirar-se-ia para ficar salva e não derretida? Pois certamente ela não seria extinta e, de outro lado, tampouco teria permanecido e admitido o quente."

"O que dizes é verdade", disse.

"Do mesmo modo, penso, se o não frio fosse indestrutível, sempre que algo frio se mantivesse próximo ao fogo, este jamais estaria aniquilando-se nem perecendo, mas, salvando-se, partiria para longe."

"É necessário", disse.

[106b] "E não é igualmente necessário falar dessa forma sobre o imortal? Por um lado, se o imortal é também indestrutível[245], é impossível à alma ser destruída toda vez que a morte avance. Pois, levando-se em conta o que foi dito anteriormente, a alma não admitirá a morte e nem estará morta, da mesma forma que, como dissemos, o três não será par e nem o ímpar, por sua vez, o será, assim como o fogo não será frio e tampouco o calor que está nele o será. Mas alguém poderia dizer: 'o que impede o ímpar de não se tornar par à aproximação deste último, como concordamos que não poderia **[106c]**, mas, ao invés, ser destruído e o par sobrevir em seu lugar?' A alguém que diz isso não poderíamos contra-argumentar que o ímpar não se destrói, pois ele não é indestrutível. Uma vez que acordamos entre nós sobre isso, nos seria fácil sustentar que, à aproximação do par, o ímpar e o três partem e desaparecem. E confrontaríamos a objeção também no caso do fogo, do calor e de todo o resto, não achas?"

"Certamente que sim."

"Assim, também no caso presente acerca do imortal, se estamos de acordo[246] que o imortal é também indestrutível, então, além de ser imortal **[106d]**, a alma também será indestrutível. Se tal não for o caso, haveria necessidade de outro argumento."

"Mas não será preciso", disse Cebes, "ao menos nos limites deste argumento, pois qualquer outro item dificilmente escaparia à ruína se o que é imortal, sendo eterno, a admitisse."

"Sim e", disse Sócrates, "pelo menos no caso da divindade, da forma da vida por si mesma e de qualquer outra coisa imortal que possa existir, todos concordaríamos que nunca pereçam."

"Sim, com certeza, por Zeus!", ele disse, "todos os homens concordamos e não somente nós, mas imagino que, sobretudo, todos os deuses."

"Assim, dado que o imortal também é imperecível, não resta alternativa **[106e]** à alma: se for de fato imortal, será também indestrutível."

"Deverá sê-lo com certeza."

"Então, quando a morte ataca o homem, por um lado sua parte mortal morre, ao que parece, mas sua parte imortal, por outro, parte e desaparece, mantendo-se salva, não corrompida e afastada da morte."

"Parece ser o caso".

"Portanto", ele disse, "mais do que tudo, a alma é imortal e indestrutível, de modo que nossas almas irão realmente residir no Hades.[247] **[107a]**

"Assim, de minha parte, Sócrates", disse Cebes, "não tenho nada mais a objetar, nem possuo qualquer recurso para não acreditar no que foi dito. De outro lado, se nosso Símias aqui, ou qualquer outro, tiver algo mais para dizer, fará bem em não se calar, pois não sei se haverá ocasião mais propícia que a atual que justificasse adiá-lo, caso alguém deseje ouvir ou falar algo sobre tais temas."

"Não, certamente", disse Símias, "considerando o que está sendo dito, tampouco me resta qualquer recurso para desacreditar[248]. No entanto, por causa da magnitude de temas sobre a qual se assenta o argumento e dado meu desdenho pela fraqueza humana, **[107b]**, obrigo-me ainda a manter, em minha própria mente, alguma dúvida sobre o que foi dito."

"Certo: não somente isso", disse Sócrates, "mas vejo que falas bem sobre tais coisas, como também vejo que nossas hipóteses iniciais, ainda que tenham vosso[249] assentimento, devem ser examinadas mais claramente.[250] Se vós a escrutinizarem suficientemente, acompanharão o argumento, segundo penso, até o ponto em que é possível a um ser humano acompanhá-lo. E se tal exame[251] for claro, nada mais haverá para investigares."

"O que dizes é verdade", disse.

[107c] "Mas pelo menos isso, meus caros, é correto ponderar: que se a alma é realmente imortal, ela necessita então de cuidados, não apenas no que se refere a este tempo no curso do qual está o que chamamos 'vida', mas também por todo o tempo. E que já agora, se não cuidarmos dela, realmente parecerá que corremos um risco terrível. Se a morte fosse[252] a separação de tudo, ao morrerem os maus estariam recebendo um presente dos deuses, na medida em que, simultaneamente, iriam escapar do corpo e, com a alma, da própria maldade. Na presente hipótese, contudo, com a alma parecendo ser imortal, não haverá para ela **[107d]** outra escapatória ou salvação dos males que não seja tornar-se a mais virtuosa e inteligente possível. De fato, a alma não vai ao Hades levando consigo nada além de sua educação e cultura, precisamente os itens que, conforme se conta, trazem o maior bem ou mal àquele que morreu, assim que sua viagem para o Hades tem início."

[253]"Eis o que é dito sobre isso: quando o indivíduo morre, seu *daimōn*[254], o mesmo que lhe coube como tutela divina na existência, encarrega-se de conduzi-lo a certo local, onde os presentes estão sendo

julgados. Depois, seguem para o Hades, **[107e]** cada qual conduzido por um guia, precisamente o que foi designado para acompanhar, lá, os que procedem daqui. Então, tendo obtido ali exatamente o que é preciso obter e permanecido o tempo necessário, outro guia, após muitos e longos ciclos de tempo[255], escolta-o de volta para cá. A jornada não é exatamente como Télefo de Ésquilo[256] conta: ele diz que uma rota simples leva ao Hades, mas **[108a]** não me parece ser simples e nem única. Pois, se o fosse, não haveria necessidade de guias. Ninguém se perderia inteiramente, imagino, com o caminho sendo único. De outro lado, de fato, parece existir muitas divisões e trifurcações[257] na estrada: faço meu julgamento aqui com base nos sacrifícios e cerimônias praticados nestes lugares."

"Agora, a alma bem ordenada e inteligente segue seu guia e não ignora as circunstâncias presentes, mas a que apresenta desejos corporais, como eu disse anteriormente[258], fica muito tempo condicionada a tais desejos e ao mundo visível, **[108b]** resiste e sofre muito, e é levada, pelo guia designado, por força e com dificuldade. Chegando no local onde as demais almas se encontram, todos fogem desta alma não purificada, que praticou atos dignos dessa condição – seja por ter cometido homicídios injustos, seja por ter se empenhado em outros atos tais, os quais são aparentados àqueles e típicos de almas da mesma família. Cada um lhe vira as costas, não restando ninguém que se disponha a ser sua companheira ou guia. Isolada, torna-se errante, exibindo completa indigência, até que determinados períodos se cumpram, no término dos quais **[108c]** ela é, por necessidade, levada à moradia que lhe cabe. De seu lado, a alma que passou pela vida de forma pura e moderada encontra nos deuses companheirismo e orientação, cada qual indo habitar seu local apropriado. Há várias e maravilhosas regiões na terra, e a própria terra, como alguém me persuadiu, não tem a característica ou tamanho pensados pelos que costumeiramente discursam sobre ela."

[108d] Símias disse: "O que queres dizer com isso, Sócrates? Saiba, pois, que eu próprio já ouvi muito sobre a terra, mas por certo nada sobre isso que te persuade. Assim, eu ficaria muito contente em ouvir-te."

"Sim, Certamente, Símias! Discorrer, ao menos, sobre o que são tais características não me parece requerer a técnica de Glauco.[259] Fazer tal exposição com verdade, contudo, é que me parece tão difícil quanto sua técnica, pois não há somente a probabilidade de que eu não seja capaz, mas também o fato de que, mesmo que eu tenha o conhecimento, a vida que me resta, Símias, não parece ser o bastante para a extensão do argumento. Mas a forma visível da terra, sobre a qual fui persuadido **[108e]**, bem como suas regiões, nada me impede de falar sobre isso."

"Muito bem!", disse Símias. "Isso já é suficiente."

"Pois bem", disse Sócrates, "eu estou persuadido de que, primeiro, se a terra está no centro, sendo redonda, não precisa de ar **[109a]** ou de qualquer outra pressão que a impeça de cair, mas a uniformidade do próprio céu, em todos os seus pontos, e o equilíbrio da própria terra são suficientes para mantê-la lá. Pois se um corpo que possui equilíbrio é colocado no centro de algo uniforme, não será capaz de pender mais ou menos para qualquer direção, mas, mantendo a uniformidade[260], permanecerá no mesmo lugar e imóvel. Este é o primeiro ponto", disse", "sobre o qual me persuadi."

"E está certo", disse Símias.

"Então, prosseguindo: também estou persuadido de que a terra é muito larga e que nós, os que estamos entre o Fásis[261] e as colunas de Héracles[262], habitamos uma pequena parte **[109b]**, como formigas ou rãs vivendo no mar em torno a uma lagoa, enquanto muitos vivem em tantas outras regiões semelhantes. Que há, por toda a terra, muitas e variadas cavidades, em relação a formas e tamanhos, na direção dos quais água, vapor e ar fluem conjuntamente, mas que a terra em si mesma é pura e encontra-se na pureza do céu, onde estão os astros, céu[263] este que é chamado, pela maior parte dos que habitualmente **[109c]** discursam sobre ele, de 'éter'. Água, vapor e ar são sedimentos deste éter e estão sempre fluindo juntos para as cavidades da terra. Quanto a nós, que habitamos tais cavidades, somos inconscientes disso, pois pensamos morar no topo da terra, tal como um indivíduo que, morando no centro do mar profundo, julgasse morar na superfície e, ao ver o sol e os demais astros através da água, tomasse o mar pelo céu: alguém que, devido à lentidão e fraqueza, não tivesse ainda alcançado a superfície do mar e que **[109d]**, não tendo emergido e apontado a cabeça para fora, nesta direção, não tivesse visto – nem ouvido de alguém que o tenha visto – o quanto tal região tem a sorte de ser mais pura e bela do que o lugar onde vivem os seus. É exatamente isso que aconteceu conosco: vivendo numa cavidade qualquer da terra, julgamos morar na parte de cima e chamamos o ar de 'céu', como se céu fosse e os astros se movessem através dele. Mas o fato é que se trata do mesmo caso: por conta de nossa fraqueza e lentidão não somos capazes de atravessar até o limite extremo **[109e]** do ar. Se alguém fosse até o topo do ar ou, obtendo asas, voasse até lá e lançasse sua cabeça para observar, então, como os peixes daqui que saltam das águas para espiar o que se passa aqui, da mesma maneira iria esticar sua cabeça e observar as coisas daqui e, se sua natureza fosse capaz de sustentar a observação, conheceria então que aquele era o verdadeiro céu, a verdadeira luz e terra na sua forma **[110a]** real.[264] Pois, na verdade, esta terra, com suas rochas e, enfim, toda a região aqui está corrompida e corroída, tal como as coisas no mar sob efeito da salinidade; no mar não cresce nada digno de menção e tampouco há ali, por assim dizer, algo perfeito; o que há são rochas esburacadas, areia e, onde quer que haja terra, inconcebíveis quantidades de barro e lodo. Em relação ao que é belo em nosso mundo, aquelas absolutamente não são dignas de serem julgadas comparáveis. Quanto às belezas de lá,[265] por sua vez, parecerão ultrapassar ainda mais as nossas. Se é, de fato, **[110b]** o momento certo para exprimir um mito, Símias, tu deverias ouvir sobre o que porventura vêm a ser as coisas que estão na terra, sob o céu."

"Sem dúvida, Sócrates", disse Símias, "nós, ao menos, teríamos prazer em ouvir sobre tal mito".

"Pois bem, meu caro", ele disse, "primeiro é dito que a própria terra, se vista do alto, teria o aspecto das dozes esferas de couro[266]: variegada, pinçada em diferentes cores, das quais as que usamos aqui são como amostras, especialmente as que os pintores **[110c]** utilizam. Naquele lugar, contudo, a terra inteira é constituída destas cores, que são ainda mais brilhantes e puras que as daqui. Uma parte é púrpura de beleza impressionante. Outra, é cor de ouro. Toda a parte branca tem mais brancura do que o calcário ou a neve, sendo ainda composta de outras cores com as mesmas características, mais numerosas e mais belas do que todas as que nós vimos. Quanto às próprias cavidades da terra, estando **[110d]** cheias de água e ar, apresentam uma forma colorida à medida que resplandecem em meio à variedade das demais cores, de forma a dar à terra a aparência de uma superfície contínua e variegada. Com a terra tendo tais características, tudo o que cresce nela segue a mesma proporção – árvores, flores e frutos. Similarmente, montanhas e rochas, por sua vez, possuem lisura, transparência e beleza em suas cores; e é destas, de fato, que nossas pequenas pedras, aquelas tão amadas, saem como fragmentos: cornalinas, jaspes, esmeraldas e todas desse tipo. Lá, porém, não há uma sequer que não seja assim **[110e]**, sendo ainda mais belas do que as nossas. A causa[267] disso é que aquelas pedras são puras e não estão carcomidas ou danificadas como estão as nossas, sob efeito da putrefação e salinidade aqui depositados, os quais levam deformidades e doenças às pedras da terra, bem como a animais e plantas. A própria terra, por outro lado, é adornada com tudo isso e com ouro, prata e ouros metais **[111a]** equivalentes. Tais elementos são por natureza visíveis, sendo muitos em número, grandiosos e presentes em todo lugar da terra, de tal forma que observá-los é um espetáculo para espectadores afortunados. Sobre a terra há vários e diferentes animais, assim como seres humanos, alguns vivendo no interior, outros ao redor do ar, como nós que vivemos ao redor do mar, outros ainda nas ilhas próximas circundadas pelo ar, próximas à costa. Em síntese, o que a água e o mar são para nosso uso corresponde ao ar para eles, mas o ar para nós equivale **[111b]** ao éter para eles. Eles possuem estações de tal forma balanceadas que ficam isentos de doenças e vivem por mais tempo que nós; em relação à visão, audição, inteligência e demais faculdades, estão separados de nós pela mesma diferença que o ar se distancia da água ou o éter do ar em termos de pureza. Especialmente, possuem bosques e templos de deuses – e estes realmente os habitam – e possuem pronunciamentos, profecias e visões dos deuses, formas de contato pelas quais entram em comunicação direta com eles. **[111c]** Sim! E o sol, a lua e os astros são vistos por eles tal como realmente são, e a felicidade que manifestam em outros aspectos acompanha estas experiências."

"Assim é a natureza da terra em sua totalidade, bem como das coisas que estão em sua superfície; mas há muitos regiões na terra, locais que se apresentam sob a forma de cavidades, alguns dos quais perfazendo um círculo em volta dela; uns são mais fundos e mais largos do que onde vivemos, enquanto outros, sendo fundos, têm abertura mais estreita do que a de nossos locais; **[111d]** e há os que possuem profundidade mais rasa do que aqui e são espaçosos. Todos estes lugares estão conectados uns com os outros por muitos canais subterrâneos, alguns estreitos, outros largos, cujas extremidades se abrem em passagens pelas quais flui grande quantidade de água de uma região a outra, como se desembocassem em tigelas. Sob a terra há rios de extensão inimaginável em fluxo contínuo, de água quente ou fria, mas também muito fogo formando enormes rios de fogo, bem como rios de lama líquida, algumas mais claras, outras mais lamacentas, **[111e]** como na Sicília onde rios de lama fluem, antecipando-se à lava, e na sequência a própria lava[268]. Cada local da terra é preenchido com tais elementos[269], conforme o escoamento ocorre a cada um em cada ocasião. Todas essas coisas movimentam-se acima e abaixo como se fossem uma oscilação dentro da terra. Esta oscilação existe por um tipo de fenômeno da seguinte espécie. Entre os abismos[270] da terra há um que é atualmente o maior, tanto nos demais aspecto como por cortar a terra de ponta a ponta. É dele **[112a]** que Homero[271] tem falado, descrevendo-o como: *muito longe, lá onde encontra-se sob a terra o abismo mais profundo*. O próprio Homero, em outro lugar[272], assim como outros poetas, chamam tal abismo de 'Tártaro'. É na direção deste abismo que confluem todos os rios e é dele que ressurgem, cada um ganhando aspectos conforme a espécie de solo por onde passam. A causa do fluir e afluir **[112b]** de todas as correntes neste local é o fato de que este líquido não possui um fundo e nem uma base de sustentação. Ele oscila, formando ondas para cima e para baixo, e o ar e vento que o envolvem fazem o mesmo, pois acompanham-no lado a lado, seja quando ele se move àquela parte da terra, seja quando se move para esta parte aqui. E como ocorre na respiração, em que o ar flui continuamente na inspiração e expiração, também ali o vento[273] oscila com a massa líquida, produzindo, ao se aproximar ou se afastar do centro, ventanias medonhas e inimagináveis. Assim, então, sempre que a água se afasta para o local chamado 'abaixo' **[112c]**, aflui para o curso daquelas correntes, através da terra, e as enche como os que fazem a irrigação[274]. De outro lado, sempre que, lá, o nível da água transborda, esta move-se para cá e enche nossas correntes novamente; uma vez cheias, as águas seguem por canais, no interior da terra, percorrendo locais nos quais um caminho foi aberto, e geram mares, lagos, rios e fontes. Daqui, as correntes movem-se novamente para junto da terra, algumas em circuitos mais longos e numerosos, **[112d]** outras em mais curtos e reduzidos, e arremessam-se de novo no Tártaro, algumas muito abaixo do local de onde eram lançadas, outras mais perto, mas todas afluem a um nível inferior àquele de onde tinham saído; algumas correntes afluem à parte oposta de onde saíram, outras à mesma parte. Há as que são dispostas num círculo completo e enrolam-se, como serpentes, uma ou várias vezes em torno da terra, descendo o mais fundo possível para retornarem ao Tártaro. Mas, em qualquer lado, **[112e]** é possível descer até o centro, mas não além, pois cada lado torna-se uma parte escarpada para ambas as correntes."

"Certamente, então, há rios em grande número, extensos e de vários tipos; dentre estes, ocorre de quatro se sobressaírem. O maior deles, cujo fluxo em percurso circular está mais afastado do centro, é o chamado 'Oceano'[275]. Oposto a este, fluindo na direção contrária, o Aqueronte, que passa por várias regiões áridas **[113a]** e, em particular, flui subterraneamente para chegar no lago Aquerusíade, onde chegam as almas da maior parte dos que morreram e permanecem pelo tempo que lhes é destinado, algumas por períodos longos, outras por curtos, até serem novamente despachadas para nascimentos entre os vivos[276]. No meio destes, lança-se um terceiro rio que, próximo à nascente, vai dar numa vasta região tomada por fogo intenso, o que produz um lago enorme, maior do que o nosso Mediterrâneo, borbulhante de água e barro. Dali, turvo **[113b]** e barrento, ele move-se em círculo, enrolando-se em volta da terra e chegando, entre outros locais, ao limite do lago Aquerusíade, sem, contudo, misturar-se com as águas deste. Então, após muitas voltas em torno da terra, atira-se num ponto mais baixo do Tártaro. Trata-se do rio que se chama Piriflegetonte, cujas torrentes de lava expelem seus fragmentos por toda parte da terra ponde onde passem. Oposto a este último, novamente, precipita-se o quarto rio, inicialmente numa região tenebrosa e selvagem, segundo se diz, repleta de uma cor azul-escuro. Trata-se da região chamada Estígio e o rio, **[113c]** desembocando ali, forma o lago Estige. Tendo se jogado naquele local e obtendo uma força considerável em suas águas, ele então afunda na terra e move-se em círculo no sentido contrário ao Piriflegetonte, encontrando-o, pelo lado oposto, no lago Aquerusíade. As águas deste rio também não se misturam com as de nenhum outro, mas, fazendo igualmente um percurso circular, ele desemboca no Tártaro no lado oposto ao Piriflegetonte. O nome deste rio, dizem os poetas, é Cocito."

Tal é, portanto, a natureza dos rios[277]. Quando os mortos chegam, **[113d]** cada um no local onde o respectivo gênio o conduz, primeiramente eles se oferecem a julgamento, tanto os que viveram de forma bela e pia, como os que não o fizeram. Os que parecem ter vivido de forma mediana marcham para o Aqueronte, sobem em jangadas a eles reservadas e, carregados por elas, chegam ao lago. Lá habitam e são purificados, perdoados de seus crimes pagando penas por eles, caso alguém tenha cometido algo; ali também portam honrarias pelas boas ações praticadas, conforme o mérito de cada um. Quanto a outros, **[113e]** julgados incuráveis devido à magnitude das ofensas[278] – sejam vários e vultosos roubos a templos, muitos assassinatos injustos e ilegais ou quaisquer outros desse tipo –, tais almas são lançadas no Tártaro pelo destino que lhes cabe, de onde nunca mais conseguem sair. Já os vistos como curáveis, mesmo que se julgue que cometerem grandes erros, como o caso dos que, impulsionados pela cólera, praticaram alguma violência contra pai ou mãe e arrependem-se pelo resto da vida que levam, ou os que **[114a]** tornam-se homicidas em outras circunstâncias similares, todos estes devem quedar no Tártaro. Uma vez quedados lá e tendo se passado um ano, a torrente os expele – homicidas são despachados para Cocito, mas agressores de pais e agressores de mães para Piriflegetone. Então, quando estão sendo conduzidos ao longo do lago Aquerusíade, ali gritam e chamam os nomes, uns, dos que mataram, outros, dos que agrediram. Tendo os chamado, suplicam-lhes e imploram-lhes **[114b]** que os permitam saltar ao lago e que os acolham. Se os persuadem, passam ao lago e são libertos dos males, mas, se não persuadem, são conduzidos novamente ao Tártaro e dali de volta aos rios. Isso pelo que passam não se interrompe antes que persuadam suas vítimas, pois esta é a pena fixada para eles pelos juízes."

"Quanto aos que pareceram excepcionais no que se refere a viver em santidade, estes, sendo libertos e separados daquelas regiões subterrâneas, como de correntes, **[114c]**, chegam à morada pura, no alto, vindo a habitar sobre a terra. Dentre estes, os que se purificaram suficientemente com a filosofia vivem, por todo o tempo vindouro, absolutamente sem corpo e obtêm moradias ainda mais belas do que aquelas[279], difíceis de serem descritas e nem há, neste momento, tempo suficiente para isso[280]. De qualquer modo, é por causa destas coisas cuja exposição concluímos, caro símias, que devemos fazer de tudo para obtermos nossa parte de virtude e conhecimento em vida, pois a recompensa é bela e a expectativa é enorme."

"Agora, se, por um lado, insistir muito que tudo ocorre exatamente como eu **[114d]** expus não é apropriado a um homem de inteligência, por outro, considerando que a alma claramente é imortal, a alguém que acredita que tal é o caso me parece não só ser adequado como digno arriscar-se – pois há beleza no risco –, insistindo que, no que concerne às nossas almas e suas moradias, o que eu disse ou algo similar a isso é verdadeiro. E deve-se entoar[281] tais coisas a si mesmo, razão pela qual eu me prolonguei no mito por tanto tempo."

"Tais são, portanto, as razões por que um homem deve confiar em sua própria alma: qualquer um que, em sua vida, disse adeus a outros prazeres, do corpo **[114e]** e seus adornos, considerando-os estranhos à alma e capazes de produzir mais mal que bem, mas se aplicou com afinco nos prazeres do aprendizado e adornou sua alma não com outros, mas com adornos próprios a ela, a saber: temperança, justiça, coragem, liberdade e verdade. **[115a]** Nestas condições, aguarda a travessia para o Hades como alguém que estará pronto a fazê-la assim que sua hora chegar. Quanto a vós", disse, "Símias, Cebes e os outros, certamente fareis mais tarde, cada um, vossa travessia. Agora, sou eu que o destino chama, como diria um homem trágico. E está bem na hora de me encaminhar para o banho, pois parece preferível estar limpo para beber o veneno e não dar às mulheres o trabalho de lavar um cadáver."

Tendo dito tais palavras, Críton interveio: "pois bem, Sócrates! **[115b]** O que instruis a estas pessoas ou a mim no que concerne a teus filhos ou a qualquer outro assunto teu, algo que possamos fazer por ti como o que mais te beneficiará?"

"Precisamente as coisas que sempre digo, Críton", disse, "nada realmente novo, isto é: se cuidardes de vós próprios, o que quer que façais beneficiará a mim, aos meus e a vós, mesmo que agora não concordeis com minhas palavras. Mas, se não tiverdes nenhum cuidado com vós próprios e com outras coisas, se não vos dispuserdes a viver, passo por passo, por assim dizer, segundo o que foi dito em nossa conversa atual e na anterior, então, mesmo se concordeis muitas vezes e resolutamente, **[115c]** não fareis bem algum."

"Pois bem: nos empenharemos ardorosamente em fazer o que tu dizes", disse. "Quanto a teu funeral, como queres que o preparemos?"

"De qualquer modo que o queirais", disse, "contanto que me segureis bem e que eu não me escape de vós". Então, tendo gargalhado gentilmente e olhado para nós, ele disse: "meus caros, não estou persuadindo Críton de que eu sou este Sócrates aqui, o que dialoga agora e põe em ordem cada parte do que é dito. Em vez disso, ele já me imagina como aquele cadáver para o qual olhará **[115d]** em breve, perguntando-me como quero que prepare meu funeral. No que se refere, contudo, ao argumento que elaborei por tanto tempo, o que sustenta que, se eu beber o veneno, não mais estarei junto de vós, mas partirei para um certo estado de felicidade pertencente aos abençoados, minha impressão é que, enquanto é simultaneamente um encorajamento para vós e para mim, para ele estou dizendo isto em vão. Assim, sede minha garantia diante de Críton", disse, "a garantia contrária à que Críton tentava afiançar junto aos juízes. Com efeito, este aqui garantiu que eu realmente permaneceria[282], mas vós deveis garantir que, ao morrer, realmente não permanecerei, **[115e]** mas deixá-los-ei e desaparecerei, a fim de que Críton o aceite mais facilmente e, vendo-me ser queimado ou enterrado, não se revolte por mim como se eu estivesse sofrendo dores terríveis, e nem diga, no funeral, que quem ele expõe, transporta ou enterra ali é Sócrates. Pois é preciso que saibas, meu caro Críton, que não falar adequadamente não é só um erro em si, mas realmente faz mal às almas. Ao contrário, deves, com confiança, dizer que enterras o meu corpo, fazê-lo como desejas e do modo que consideras mais usual." **[116a]**

Tendo dito isso, levantou-se e dirigiu-se a um quarto a fim de banhar-se. Críton o seguiu, mas pediu-nos para aguardar. Assim, enquanto aguardávamos, dialogávamos entre nós sobre o que tinha sido dito e reexaminávamos. Em certos momentos, porém, discorríamos sobre a dimensão do infortúnio que nos acometia, considerando simplesmente que estávamos sendo privados de um pai e prestes a passar o resto da vida órfãos. Quando concluiu o banho e seus filhos foram levados até ele – eram **[116b]** dois pequenos e um maior –, momento em que vieram também as mulheres da família[283], na presença de Críton ficou conversando com elas e instrui-lhes sobre o que desejava. Depois, ordenou às mulheres e crianças que se retirassem e veio ter conosco. Já estava próximo do sol se pôr, pois Sócrates tinha passado muito tempo lá dentro. Então, aproximando-se, sentou-se, de banho tomado; tinha falado algumas poucas palavras para nós quando o agente dos Onze chegou e, dirigindo-se a ele, disse: "Sócrates! Pelo menos não o reprovarei como **[116c]** reprovo outros que se zangam e amaldiçoam-me toda vez que venho lhes transmitir a ordem, imposta pelos juízes, de que devem beber o veneno. Quanto a ti, em várias oportunidades, durante teu tempo aqui, pude saber que és o mais nobre, afável e excelente dentre os que vieram para cá alguma vez; neste momento, em particular, sei que não estás zangado comigo, mas com os responsáveis, visto que os conheces. Agora, porém, uma vez que sabes o que vim anunciar-te, adeus e tenta encarar, com a maior naturalidade **[116d]** possível, o inevitável!" Então, enquanto se desfaz em lágrimas, dá meia-volta e começa a sair.

Sócrates olha-o e diz: "Adeus para ti também! Nós faremos isso que pedes". E, voltando-se para nós, disse: "que homem cortês! Por todo o tempo que fiquei aqui tinha o hábito de visitar-me, por vezes conversava comigo e era o mais agradável dos homens. E agora, com que nobreza me lamenta! Mas vamos lá, Críton, obedeçamo-lo e deixemos que alguém traga o veneno, se já está moído. Se não, que o encarregado o moa!"

[116e] Críton então disse: "Mas Sócrates, penso que o sol continua sobre as montanhas e não se pôs ainda. Além do mais, sei que outros também bebem muito depois que a ordem lhes é transmitida, não sem antes terem um bom jantar e uma boa bebida, e alguns até tendo relações sexuais com qualquer pessoa por quem estejam apaixonados. Portanto, não te apresses! Ainda há tempo."

Sócrates, então, disse "Sim, é razoável, Críton, que os prisioneiros que mencionais façam tais coisas, pois imaginam lucrar com isso. No meu caso, porém, é razoável que não o faça, **[117a]** pois penso que não ganharei nada bebendo o veneno mais tarde, exceto que incorrerei em ridículo perante mim mesmo, apegando-me à vida e poupando quando *o casco está vazio*[284]. Assim, vai, obedeça-me e não ajas de outro modo!"

Tendo ouvido isso, Críton fez sinal ao escravo parado ali perto. O escravo saiu e demorou algum tempo. Quando retornou, estava acompanhado do encarregado de administrar o veneno, que já o trazia moído numa taça. Ao ver o homem, Sócrates disse: "pois bem, meu caro amigo. És a pessoa que entende dos procedimentos. O que é preciso fazer?"

"Apenas andar um pouco após tê-lo bebido", disse, "até que tuas pernas fiquem pesadas. [117b] Depois deita-te e o veneno fará o trabalho por si." Ao mesmo tempo, estendeu a taça a Sócrates.

E este a pegou com tanta gentileza, Equécrates, sem tremer e sem alteração na tez e nem na face, mas, olhando por debaixo com seu olhar inquiridor, como era seu costume[285], disse-lhe: "o que dizes sobre usar a bebida para fazer uma libação a alguém? É permitido ou não"?

"Nós preparamos, Sócrates, a quantidade que avaliamos ser a medida certa para beber", ele disse.

"Entendo", disse Sócrates. "Mas eu suponho que, pelo menos, é permitido [117c] e correto oferecer uma prece aos deuses para que a partida daqui para lá tenha boa fortuna. Esta é a prece que faço e que assim possa ocorrer!"

Com estas palavras e levando a taça aos lábios, com muita facilidade e complacência bebeu-a inteira. A maior parte de nós tinha sido, por um tempo, razoavelmente capaz de segurar as lágrimas, mas quando o vimos bebendo e que tinha terminado, não o podíamos mais! No meu caso, contra minha própria vontade, as lágrimas corriam pelas bochechas, de tal forma que escondi o rosto e chorei alto; não era, certamente, por ele, mas pela minha má fortuna ao pensar sobre que espécie de homem eu tinha sido privado da companhia! [117d] Críton, ainda antes de mim, não conseguindo segurar as lágrimas, levantara-se e saíra. Apolodoro, que já não parava de chorar antes disso, tendo, especialmente neste momento, soltado gritos de dor em suas lágrimas e indignação, fez cada um dos presentes lamentar-se junto, exceto, naturalmente, o próprio Sócrates, que disse:

"Mas o que fazeis, admiráveis camaradas!? Foi justamente por isso, sabeis, que mandei as mulheres embora, para que não tocassem a nota errada dessa forma! **[117e]** Pois ouvi que se deve morrer em silêncio religioso. Vamos lá! Permanecei calmos e suportai!"

Ouvindo isso, envergonhamo-nos e contivemos o choro. Sócrates andou alguns passos em volta e disse que sentia as pernas pesadas. Deitou-se, então, de costas, pois foi esta a ordem dada pelo encarregado. E no mesmo momento esta pessoa, a que tinha lhe dado o veneno, segurou-o. Depois de um tempo, examinou seus pés e pernas. Pressionou firmemente os pés e perguntou se os sentia, **[118a]** ao que Sócrates respondeu que não. Fez, em seguida, o mesmo procedimento para as pernas e subindo as mãos desta forma nos mostrava que Sócrates estava ficando frio e rígido. Sem tirar suas mãos dele, o homem disse que quando atingir seu coração, Sócrates partirá.

E assim quase toda a região em torno do seu abdômen já estava ficando fria quando ele, descobrindo seu rosto, – pois o tinha encoberto –, disse estas palavras, que seriam suas últimas: "Críton, nós devemos um galo a Asclépio! Paguem-lhe, não descuidem disso!

"Isso será feito!", disse Críton. "Mas vê se há algo mais que queiras dizer!"

Com esta pergunta de Críton, ele não respondeu mais nada. Passado pouco tempo, agitou-se[286] e o encarregado descobriu seu rosto: seus olhos tinham ficado fixos. Vendo isso, Críton fechou a boca e os olhos.

Esse foi, Equécrates, o fim da vida[287] de nosso companheiro, um homem que, dentre os de seu tempo com os quais tivemos contato, poderíamos dizer que foi o mais excelente, sendo também o mais sábio e o mais justo.

Referências biliográficas

APOLLONI, D. Plato's Affinity Argument of the Immortality of the Soul. *Journal of the History of Philosophy*, vol. 34, n. 1, 1996, p. 5-32.

AZEVEDO, M. T. S. *Platão: Fédon.* Tradução, introdução e notas de Maria Tereza Schiappa de Azevedo. Brasília-São Paulo: Editora da UNB-Imprensa Oficial de SP, 2000.

BENSON, H. H. *Platão.* Porto Alegre: Artmed, 2011.

_____. *Clitophon's Challenge: Dialect in Plato's Meno, Phaedo, and Republic.* Oxford-New York: OUP, 2015.

BOLTON. R. Plato's Discovery of Metaphysics. Em: GENTZLER, G. *Method in Ancient Philosophy.* Oxford-New York: OUP, 1988, p. 91-111.

BORGES, A. P. Sobre o Escopo Cognitivo da *Aisthēsis* em *Teeteto* 184-6. *Journal of Ancient Philosophy*, vol. 10, n. 2, 2016, p. 45-69.

BLUCK, R. S. *Plato's Phaedo.* Translation with introduction, notes, and appendices by R. S. Bluck. Oxford-New York: Routledge, 1955.

BURNET, J. *Plato's Phaedo.* Edited with introduction and notes by John Burnet. Oxford: OUP, 1911.

BOSTOCK, D. *Plato's Phaedo.* Oxford: OUP, 1986.

CASTAÑEDA, H-N. Plato's Phaedo Theory of Relations. *Journal of Philosophical Logic*, 1972, p. 467-480.

_____. Plato's Relations, Not Essences or Accidents, at *Phaedo* 102b-d2. *Canadian Journal of Philosophy*, vol. 8, 1978, p. 39-53.

CLAY, D. *The Art of Glaukos, AJP* 106, p. 230-6, 1985.

CORNELLI; LOPES (coord.) *Platão.* Lisboa: Imprensa da Universidade de Coimbra, 2018.

DANCY, R. *Plato's Introduction to Forms*. Cambridge, CUP, 2004.

_____. Definições Platônicas e Formas. Em: BENSON, H. H. *Platão*. Porto Alegre: Artmed, 2011, p. 79-91.

DELCOMMINETTE, S. A segunda Navegação e a dialética de Sócrates. *Archai*, n. 16, 2016, p. 305-330.

DIMAS, P. Recollecting in the "Phaedo". *Phronesis*, vol. 48, 2003, p. 175-214.

DIXSAUT, M. *Platon: Phédon*. Presentation ed traduction par Monique Dixsaut. Paris: Flammarion, 1991.

DUKE, E. A.; HICKEN, W. F.; NICOLL, W. S. M.; ROBINSON, D. B.; STRACHAN, J. C. G. (ed.): *Platonis Opera: Vol. I*. Oxford-New York: OUP, 1995. Flammarion, 1991.

EBREY, D. The Asceticism of the *Phaedo*: Pleasure, Purification, and the Soul's Proper Activity. *Archiv für Geschichte der Philosophie*, v. 99, p. 1-30, 2017.

_____. Making room for matter: material causes in the *Phaedo* and the *Physics*. *Apeiron*, VOL 47 (2), 2014, p. 245-265.

FEREJOHN. M. O Conhecimento e as Formas em Platão. Em: BENSON, H. H (org.). *Platão*. Porto Alegre: Artmed, 2011 [2006], p. 145-158.

FINE, G. Forms as Causes: Plato and Aristotle. Em: FINE, G. *Plato on Knowledge and Forms*. Oxford, OUP, 2003, p. 350-396.

_____. *The Possibility of Inquiry: Meno's Paradox from Socrates to Sextus*. Oxford, OUP, 2014.

_____. *The Oxford Handbook of Plato* (second edition). New York-Oxford: OUP, 2019.

FREDE, D. The Final Proof of the Immortality of the Soul in Plato's *Phaedo* 102a-107a. *Phronesis*, vol. 23, 1978, p. 27-41.

GALLOP, D. *Plato Phaedo*. Translated with notes by David Gallop. Oxford: OUP, 1975.

_____. Plato's "Cyclical Argument" Recycled. *Phronesis*, vol. 27, 1982, p. 207-222.

GRECO, A. Plato's Cyclical Argument for the Immortality of the Soul. *Archiv für Geschichte der Philosophie,* v. 78, p. 225-252, 1996.

HANKINSON, R. J. *Cause and Explanation in Ancient Greek Thought.* Oxford-New York: OUP, 1998.

HERRMANN, FRITZ-GREGOR. *Words & Ideas: The Roots of Plato's Philosophy.* Swansea: The Classical Press of Wales, 2007.

HARTE, V. *Plato's Metaphysics.* Em: FINE, G. (ed.). *The Oxford Handbook of Plato* (Second Edition). Oxford: OUP, 2019, p. 455-480.

JOHANSEN, T. K. The Separation of the Soul from Body in Plato's *Phaedo. Philosophical Enquiry,* vol. 41, 2017, p. 17-28.

KANAYAMA, Y. The Methodology of the Second Voyage and the Proof of the Soul's Indestructibility in Plato's *Phaedo. OSAP,* vol. 18, 2000, p. 41-100.

KAHN, C. Platão e a Reminiscência. Em BENSON, H. H. *Platão.* Porto Alegre: Artmed, 2011 [2006], p. 120-132.

KRAUT, R. *Platão.* São Paulo: Ideias & Letras, 2013.

LEDBETTER, G. Reasons and Causes in Plato: The Distinction between αἰτία and αἴτιον. *Ancient Philosophy,* vol. 19, 1999, p. 255-265.

LOPES, D. *Protágoras de Platão.* São Paulo: Perspectiva, 2017.

MATTHEWS, G. B; BLACKSON, T.A. Causes in the *Phaedo.* Em: SMITH, N. (ed.). *Plato Critical Assessments* (vol. II). London-New York: Routledge, 1998 [1989], p. 45-54.

MENN, S. On Socrates' First Objections to The Physicists (*Phaedo* 95e8-97b7*). OSAP,* vol. 38, 2010, p. 37-68.

McCABE, M. M. *Platonic conversations.* Oxford: OUP, 2015.

_____. A forma e os diálogos platônicos. Em: BENSON, H. H. *Platão.* Porto Alegre: Artmed, 2011 [2006], p. 52-65.

McPHERRAN, M. L. Socrates and Aesop in Plato's *Phaedo. Apeiron,* 2012, p. 50-60.

MILLS, K. W. Plato's "Phaedo", 74b7-c6. *Phronesis*, vol. 2, n. 2, 1957, p. 128-147.

MORAVCSIK, J. *Platão e Platonismo: aparência e realidade na ontologia, na epistemologia e na ética*. São Paulo: Loyola, 2000.

MORGAN, K. *Myth and Philosophy From The Presocratics to Plato*. Cambridge: CUP, 2004.

MUNIZ, F. *A potência da aparência: um estudo sobre o prazer e a sensação nos Diálogos de Platão*. São Paulo: Anablume-Clássica, 2011.

NUNES-SOBRINHO, R. G. *Platão e a Imortalidade: Mito e Argumentação no Fédon*. Uberlândia: EDUFU, 2007.

PAKALUK, M. Degrees of Separation in the *Phaedo*. *Phronesis*, v. 48, n. 2, 89-115, 2003.

_____. 2010. The Ultimate Final Argument. *The Review of Metaphysics* 251, 643–677.

PALEIKAT, J.; COSTA, J. C. *Fédon*. Em: PLATÃO. *Diálogos: O Banquete, Fédon, Sofista, Político*. Seleção de textos de José A. M. Pessanha. Tradução e notas de José C. de Souza, Jorge Paleikat e João C. Costa. Coleção *Os Pensadores*. São Paulo, Abril Cultural, 1983.

PENNER, T. *The Ascent from Nominalism*. Dordrecht: Reidel, 1987.

POLITIS, V. Explanation and Essence in Plato's *Phaedo*. Em: CHARLES, D. (ed.). *Definition in Greek Philosophy*. Oxford-New York, 2010, p. 62-114.

PRIOR, W. *Unity and Development in Plato's Metaphysics*. London: RLE, 1985.

ROBINSON, R. *Plato's Earlier Dialectic*, 2nd ed. Oxford: OUP, 1953.

ROUSE, W. H. D. *Great Dialogues of Plato: Apology, Crito, Phaedo, Ion, Meno, Republic, Symposium*. Translated by W. H. D. Rouse. New York: Mentor Books, 1956.

ROSS, D. *Plato's Theory of Ideas*. Oxford: OUP, 1951.

ROWE, C. J. *Plato Phaedo*. Edited by Christopher J. Rowe. Cambridge: CUP, 1993.

_____. Reflections of the Sun: Explanation in the *Phaedo*. *Apeiron*, vol. 25, 1992, p. 89-102.

RUSSELL, D. C. *Plato on Pleasure and the Good Life*. Oxford: OUP, 2005.

SCOTT, D. *Recollection and Experience*. Cambridge-New York: CUP, 1995.

SEDLEY, D.; LONG, A. *Plato: Meno and Phaedo*. Edited by David Sedley and Alex Long. Cambridge: CUP, 2010.

SEDLEY, D. Equal Sticks and Stones. Em: SCOTT, D. (ed.) *Maieusis: Essays in Ancient Philosophy in Honour of Myles Burnyeat*. Oxford: OUP, 2007, p. 68-86.

_____. Platonic Causes. *Phronesis*, vol. 43, 1998, p. 114-132.

_____. Socrates' "Second Voyage" (Plato, *Phaedo* 99d-102a). Em: LEIGH, F. (ed.). *Themes in Plato, Aristotle, and Hellenistic Philosophy: Keeling Lectures 2011-18*. London: University of London Press, 2021, p. 47-62.

SHARMA, R. Socrates' New *Aitia*: Causal and Metaphysical Explanations in Plato's *Phaedo*, *OSAP*, volume 36, 2009, p. 137-177.

SHIELDS, C. Aprendendo sobre Platão com Aristóteles. Em: BENSON, H. H (org.). *Platão*. Porto Alegre: Artmed, 2011 [2006], p. 376-389.

SILVERMAN, A. *The Dialectic of Essence: a study of Plato's Metaphysics*. Princeton: PUP, 2002.

SMITH, N. The Various Equals at Plato's *Phaedo* 74b-c. *Journal of the History of Philosophy* 18, 1980, p. 1-7.

SVAVARSSON, S. Plato on Forms and Conflicting Appearances: the argument of *Phaedo* 74A9-C6. *The Classical Quarterly*, v. 59, issue 01, 2009, p. 60-74.

VALGIMIGLI, M. *Platone: Fedone*. Traduzione e note di Manara Valgimigli; introduzione e note aggiornate di Bruno Centrone. Roma-Bari: Laterza & Figli, 2000 [1931].

VAN ECK, J. Σκοπεῖν ἐν λόγοις: On *Phaedo* 99d-103c. *Ancient Philosophy*, 14, 1994, p. 21–40.

VLASTOS, G. Reasons and Causes in the *Phaedo*. Em: VLASTOS, G. (ed.). *Plato: Metaphysics and Epistemology*. New York: Anchor Books, 1970, p. 132-166.

_____. The Socratic *Elenchus*: Method is all. Em: BURNYEAT, M. (ed.). *Socratic Studies*. Cambridge-New York: CUP, 1994.

VICAIRE, P. *Platon, Oeuvres Complètes: Tome IV, 1re partie, Phédon*. Texte établi et traduit par Paul Vicaire. Paris: Les Belles Lettres, 1983.

WOLFSDORF, D. Euthyphro 10a2–11b1: A Study in Platonic Metaphysics and Its Reception since 1969. *Apeiron* 38, 2005, p. 1-72.

WHITE, N. Forms and Sensibles: *Phaedo* 74b–c. *Philosophical Topics,* vol. 15, 1987, p. 197-214.

ZUPPOLINI, B. Copresença de opostos em República V, 478e-480a. *Manuscrito,* vol. 38, n° 3, p. 81-110, 2015.

Notas

[1] A edição do texto grego a partir da qual produzimos esta tradução está em: E. A. DUKE, W. F. HICKEN, W. S. M. NICOLL, D. B. ROBINSON, J. C. G. STRACHAN (Ed.). *Platonis Opera: Vol. I*. Oxford-New York, OUP, 1995. Também consultamos as seguintes edições comentadas: BURNET, J. *Plato's Phaedo*. Edited with introduction and notes by John Burnet. Oxford: OUP, 1911; ROWE, C. J. *Plato Phaedo*. Edited by Christopher J. Rowe. Cambridge: CUP, 1993; STEADMAN, G. *Plato's Phaedo: Greek Text with Facing Vocabulary and Commentary*. San Bernardino: Geoffrey Steadman, 2015.

[2] Segundo Diógenes Laércio (*Vidas e Doutrinas*, VIII, 46), Equécrates era membro da comunidade pitagórica de Fliunte, no Peloponeso, uma pequena cidade distante cerca de 96 km de Atenas. É nesta cidade que a conversa relatada no Prólogo (57a-59c) se desenvolve.

[3] Fédon, de Élis, é um membro do círculo de Sócrates.

[4] A pergunta é acerca do conjunto de circunstâncias da morte de Sócrates, não sobre o evento específico que pôs fim à vida do filósofo. O *Fédon* é, basicamente, a narrativa destas circunstâncias (cf. 118a).

[5] Apolodoro é também o narrador principal do *Banquete* (ver, sobretudo, 172a-174a).

[6] O pai é Críton, interlocutor de Sócrates no diálogo platônico *Críton*.

[7] Esta passagem é uma das três referências que Platão faz a si mesmo em toda a sua obra. As outras duas estão na *Apologia*, 34a e 38b.

[8] Cebes e Símias, principais interlocutores de Sócrates no *Fédon*, são originários de Tebas e pertencem ao círculo íntimo de Sócrates.

⁹ Euclides e Térpsion estão no Prólogo do *Teeteto*. Euclides é um filósofo socrático, fundador da escola megárica de filosofia.

¹⁰ Começa aqui o relato de Fédon sobre a conversa ocorrida na prisão. Neste relato há uma parte inicial cujo tema é o suicídio (59c-63e).

¹¹ Fernando Muniz sugere o termo "desmotério" em vez de "prisão". O sentido do primeiro termo é "o lugar onde permanecem os acorrentados" (Muniz, 2011, p. 216; ver também *República* 515b). Muniz explora o significado filosófico deste cenário, destacando que é um local propício à discussão do aprisionamento da alma ao corpo, condição que a morte iminente de Sócrates irá desfazer.

¹² São oficiais, escolhidos por sorteio, encarregados dos procedimentos relativos às sentenças (cf. Aristóteles, *Constituição de Atenas*, 52, 1)

¹³ Sócrates tinha dois filhos pequenos (ver *Apologia*, 34d). Xantipa, provavelmente, segura aqui o mais novo.

¹⁴ Sócrates vai especificar a relação – que ele chamou acima de "espantosa" (*thaumasiōs*) – entre prazer e dor. Como nota Rowe (1993, 119), não se trata ainda de examinar a ideia geral de opostos – o que será feito em 70d-72e e 102b-107a –, mas de investigar se aquela relação é mesmo um caso de oposição. Veremos adiante que Sócrates propõe outra explicação para a relação entre prazer e dor.

¹⁵ Esopo é um famoso contador grego de fábulas populares. Teria vivido aproximadamente entre 620 e 560 a.C. Sua obra ainda é uma referência de literatura infantil com conteúdo moral e alegórico.

¹⁶ *Mûthos*. Platão se vale do mito como um recurso expositivo alternativo à argumentação (*logos*). Ver a respeito *Protágoras* 320c;324d; *República* 376e-377a. Nesse último texto, Platão indica que o mito pode ser usado como forma de transmitir verdades, ainda que seu conteúdo seja ficcional. Sobre o *Protágoras*, ver LOPES 2017. Uma análise ampla sobre a relação entre mito e filosofia em outros textos de Platão, incluindo o *Fédon*, está em MORGAN 2004.

¹⁷ Tomo como objeto de *enteinas* os *logoi* de Esopo, isto é, sua prosa. O proêmio a Apolo é, talvez, uma parte dessa composição e não uma obra independente (cf.

Rowe, 1993, p. 120). Para uma alternativa de tradução em que *enteinas* tem dois objetos (os versos sobre Esopo e o hino a Apolo), ver Dixsaut, 1991, p. 206 e 323.

[18] Eveno de Paros, sofista. É mencionado em *Apologia* 20b como um sofista que ensina a virtude política pelo valor de "cinco minas". Em *Fedro* 267a é citado como um importante professor de retórica. Adiante será chamado de "filósofo".

[19] *Mousikē* tem aqui o sentido de produção poética ou artística, conforme *Banquete* 205c.

[20] Para Platão, a filosofia é uma "arte das musas", conforme *República* 548b e *Fedro* 259b-d.

[21] *mousikē* no mesmo sentido indicado acima.

[22] Lendo *"peithomenon tō(i) enupniō(i)"*, conforme OCT 1995. Rowe (1993) conserva *"kai"* antes de *"peithomenon"* e Burnet lê *"kai pithomenon tō(i) enupniō(i).*

[23] Cf. 60d e nota 17 acima: Sócrates refere-se ao poema introdutório feito em homenagem a Apolo.

[24] *"Mūthous all' ou logous"*: "argumento" traduz a palavra *logos*. Esta palavra tem vários sentidos (discurso, razão, argumento, relato), mas no *Fédon* é usada predominantemente com o sentido de "argumento". O próprio diálogo pode ser definido, aliás, como um conjunto de argumentos sobre como se pode defender a imortalidade da alma.

[25] *Mūthologikos*.

[26] Não sabemos a quais fábulas Sócrates se refere com a frase *"hois prōtois enetuchon"*. Para sugestões e para uma possível similaridade entre o destino de Sócrates e o do próprio Esopo, ver McPHERRAN 2012.

[27] Isto é: que toma parte na filosofia.

[28] Sócrates está se referindo ao costume que proíbe o suicídio (cf. 62b).

[29] Sócrates se senta no leito, com os pés tocando o chão.

[30] Filolau é um filósofo pitagórico (aproximadamente 470-385 a. C.), originário de Crotona, no sul da Itália. Teria permanecido vários anos em Tebas (cf. Dixsaut, 1991, p. 326), período no qual Símias e Cebes o teriam frequentado.

[31] Ao Hades.

³² As execuções deveriam se dar antes do pôr do sol.

³³ Isto é: o gênero humano.

³⁴ O sentido aqui, provavelmente, é este: em todos os demais temas da vida, o que normalmente não escolheríamos poderia ser preferível, mas no tema da morte não é o caso (cf. Rowe, 1993, p. 127).

³⁵ Todo este parágrafo (62a2-7) gerou bastante discussão entre os intérpretes (Ver Gallop, 1975, p. 79-83 para uma análise das alternativas em disputa). Em síntese, Sócrates está supondo que Cebes considerará surpreendentes duas teses: (i) a morte não é tida como melhor opção em nenhum contexto e para ninguém; (ii) se, hipoteticamente, houver indivíduos a quem a morte é uma opção melhor, a eles não será permitido o suicídio. A sugestão de que o suicídio é condenável é clara, mas é provável que Sócrates não esteja exprimindo sua própria visão, mas supondo – sem se comprometer – o que Cebes poderia pensar sobre ambas (cf. Rowe, 1993, p. 126). Para uma discussão suscinta sobre o argumento contra o suicídio, ver Bostock, 1986, 16-20.

³⁶ Trata-se do dialeto beócio.

³⁷ O que é "dito em segredo" não se refere a discursos orais, mas a escritos. Não sabemos se é referência a um material que existiu ou um recurso criado pelo autor do diálogo para manter distanciamento da questão da origem dessas doutrinas. Em apoio à primeira alternativa, pode-se pensar que a ideia de uma prisão ordenada pela providência divina tem conexão com o orfismo de Platão (ver Gallop, 1975, p. 83). Por outro lado, há um caso similar de "doutrina secreta", igualmente difícil de sabermos se é histórica ou fictícia, em *Teeteto* 152c-160e, no argumento sobre a forma como Protágoras concebe o conhecimento (*epistēmē*).

³⁸ Sócrates claramente refere-se à sua iminente morte, pois logo tomará o veneno, tirando a própria vida. A ideia sugerida é que o conjunto de eventos que levou a esse momento derradeiro pode ser visto como má fortuna de Sócrates e, assim, um caso de "necessidade enviada pelos deuses" (c. Rowe, 1993, p. 130).

³⁹ São "outros" porque a tese que está sendo defendida aqui é que a morte implica deixar alguns "deuses" na terra (os mestres).

⁴⁰ A ideia de que para os homens bons a morte não é um mal.

⁴¹ Aqui temos a chamada "Defesa de Sócrates" (63e-69e). Para breve comentário e indicação de literatura secundária para estudos avançados, ver *Introdução*.

⁴² No Hades.

⁴³ Não creio ser necessário supor, como Gallop (1975, p. 226), que o sentido do perfeito *tethnanai* aqui se refira à morte como um *processo*, pois "*apothnēiskein*", que o precede, já indica esse sentido.

⁴⁴ Símias é da Beócia, situada entre os golfos de Eubeia e Corinto.

⁴⁵ Sigo Burnet (1911) e traduzo *thanatôsi* como "estarem moribundos". Também significa "querem morrer". Inclino-me pela primeira opção porque é o sentido retomado em 65a6.

⁴⁶ Como notam Rowe (1993, p. 136) e Burnet (1911, p. 29), ao usar o termo "algo" (*ti*) em perguntas como "chamas o corpo de algo?", "entendes que a alma é alguma coisa ou nada?", Sócrates se vale de um recurso comum em suas conversações filosóficas: trata-se da pergunta "x é algo?". Sócrates busca estabelecer, com Símias, um ponto formal para a discussão em torno desta questão: *há na morte algum significado real, algum traço inteligível que possa ser objeto de discussão*? Há pelo menos duas formas de se entender essa pergunta: (i) pode ser uma pergunta com escopo limitado à semântica do termo "morte", voltada ao uso do termo na linguagem; (ii) pode ser uma pergunta sobre as propriedades reais da morte, sobre o que ela é de fato. Neste último caso, tratar-se-ia de saber quais são suas características como evento concreto na esfera humana. Considerando o conjunto do *Fédon*, em especial a proposta de usar a tese das Formas para explicar a imortalidade da alma, o que acabará por negar que a morte *atinge* a alma, interpreto esta pergunta no segundo sentido, portanto numa acepção realista: *quais são as propriedades reais da morte*? Essa acepção não exclui a contribuição que a primeira alternativa tem para o tema, pois em Platão são as propriedades reais que orientam o uso linguístico e o entendimento de uma noção, não o contrário. Notemos, de resto, que, neste contexto de discussão, a morte é entendida como um estado, não como um episódio.

⁴⁷ Mais adiante a noção de "separação" vai ter o sentido de uma independência e libertação que a alma

adquire, por meio da morte, em relação ao corpo. Mas aqui o sentido é simplesmente uma separação sem mais: tanto da alma em relação ao corpo quanto *do* corpo em relação à alma, como vemos nas linhas seguintes. Ver também *Górgias* 524b.

[48] Leio *autōn* na linha 64e1 como referência aos "cuidados relativos ao corpo" (outra opção seria tomá-lo com *kallōpismoi*). Entendo que Sócrates não está sugerindo, aqui, que o filósofo não possui interesse ou experiência nos prazeres da comida, bebida, sexo, entre outros, mas está enfatizando que o filósofo só se envolve com tais prazeres no limite da necessidade. Ele não orienta suas escolhas e valores com base nos prazeres. O verbo *"spoudazō"*, usado por Sócrates para perguntar a Símias se ele pensa que o filósofo dá grande importância a tais prazeres, significa, entre outros sentidos, ser diligente, aplicar-se com zelo em alguma coisa, esforçar-se, tratar um assunto com dedicação.

[49] Conforme Platão, *Apologia*, 22a-c.

[50] O texto diz literalmente "sensações em torno do corpo".

[51] Aqui temos *"tōn ontōn"* como objeto do raciocínio ou da razão. Traduzi como "das coisas que possuem ser", mas também poderiam ser alternativas como "das coisas que são o caso" ou "das coisas que existem". Há um debate entre os intérpretes sobre estas duas últimas opções. A primeira destaca que o objeto de entendimento para a alma são "verdades" ou "fatos" e a segunda que o objeto de entendimento são "coisas" ou "itens existentes". Segundo Gallop (1975, p. 92-3), Platão não reconhece uma distinção entre atividade pensante como formulação de verdades e atividade pensante que visa diretamente os objetos, sejam físicos ou teóricos. Talvez essa afirmação seja muito forte, mas ela aponta na direção certa: para Platão, a tarefa do filósofo (conforme *Fédon* 66a, 66b e 66e adiante) envolve, conjuntamente, ambas as alternativas, pois o trabalho deste último consiste em descobrir o que pode ser dito de verdadeiro sobre os seres, sejam "objetos do mundo", sejam "temas".

[52] *"tou ontos"* (65c9), como *"ti tōn ontōn"* (65c3), não possui um sentido determinado no contexto, em contraste com 78d4 e 83b2, em que o escopo semântico se refere claramente às Formas. O primeiro pode se referir ao que "existe" ou ao que pode ser descoberto de "verdadeiro sobre os seres" (ver nota anterior). É preferível considerar que

ambos os casos estão no campo de investigação do filósofo, cujo trabalho, conforme 66a3, é estar na "caça" dos seres.

[53] Como nota Rowe (1993, p. 140), são duas alternativas: "(i) afirmamos...ou (ii) nada?". Em 65d4-5 [*famen ti einai dikaion auto*] tomo "*dikaion auto*" como sujeito e "*ti einai*" como predicado. Para alternativa, ver Gallop, 1975, p. 226. Alguns comentadores consideram que esta passagem exibe, pela primeira vez nos textos de Platão, seu compromisso com uma "teoria" ou "tese" das Formas (cf. ROSS 1951; DANCY 2011, GALLOP 1975), mas não é tão evidente que seja uma doutrina nova, pois as passagens nas quais Platão a menciona ou usa possuem linguagem similar à usada nos contextos definicionais dos diálogos socráticos (Cf. DIMAS 2003; PRIOR 1985). Uma síntese dos aspectos discutidos na literatura recente sobre a metafísica de Platão está em HARTE 2019.

[54] Cf. Rowe, 1993, p. 141.

[55] Primeira ocorrência (de 6) do termo "*ousia*" no diálogo. Aqui o sentido parece ser de "essência" enquanto identidade real de algo.

[56] Entendendo "*hēmas meta tou logou*" como "*hēmas kai ton logon*".

[57] *Mē katarōi*: considerando a referência ao conhecimento de "coisas puras" em 67a7, entendo que o termo "*katarōs*" aqui se refere a indivíduos, pois o conhecimento envolve a alma e certo objeto, os quais são aqui, respectivamente, "alguém puro" e "algo puro". Penso que "puro", neste contexto, tem uma conotação mais cognitiva do que moral, pois, desde o início da argumentação sobre o corpo, em 64d – quando Sócrates pergunta sobre o nível de envolvimento do filósofo com prazeres –, ele está enfatizando o distanciamento das demandas do corpo no processo de reflexão. O sentido de *puro*, então, é o que o termo *eilikrines*, como sinônimo de *katarōs*, sugere na linha 67b1 do texto grego: *sem mistura, sem mescla*. É o pensamento feito pela alma sem qualquer interferência das sensações provenientes do corpo.

[58] Conferir 64d-66a.

[59] Notemos o uso que Platão faz aqui do verbo *chōrizō* (colocar à parte algo, separar uma coisa da outra) na discussão da relação entre alma e corpo. O mesmo verbo é usado pelo filósofo em contextos que enfatizam a separação

das ideias das coisas sensíveis. Nos dois casos, Platão parece referir-se a uma *separação* no sentido de uma *independência*: a alma deve ser independe de qualquer apelo ou necessidade do corpo. De seu lado, as ideias são em si, isto é, independentes das realidades físicas que elas representam.

[60] Cf. 64a.

[61] Importante consequência da argumentação que vem sendo desenvolvida: dada a definição de morte como libertação e separação da alma do corpo (cf. 67d), a morte é um processo de libertação que coincide com a prática dos filósofos de buscar, o máximo que podem, uma vida psíquica e reflexiva plenamente apartada das necessidades e limitações da condição física.

[62] Os termos *"philosophos"* (filósofo) e *"philosophountes"* (amantes do saber) são intercambiáveis.

[63] 67e.

[64] Para estas classes de pessoas (amantes do dinheiro, da honra e do saber), ver *República* 580d-581c.

[65] Cf. 68c: ser moderado nos apetites, manter a decência.

[66] Ou seja: a virtude autêntica pode ser obtida por meio da "troca" se a transação for feita com sabedoria.

[67] Platão usa o termo *skiagraphia* (pintura em perspectiva).

[68] Para mais detalhes sobre tais ritos, ver *República* 363c-365a.

[69] O tirso dionisíaco.

[70] Sigo o texto da OCT (1995). Este suprime, depois de *etairois* na linha 69e3, a frase "*tois de pollois apistian parechei* ("mas isto [esta opinião] causa descrença à multidão"). Com esta frase Sócrates estaria se referindo à descrença que sua defesa gera nas massas. Rowe (1993, p. 39) e Burnet (1911) conservam o trecho. Parece se tratar, como apontam alguns, de uma interpolação com 70a1.

[71] Com esta questão de Cebes inicia-se o chamado "argumento cíclico" (69e-72e).

[72] O verbo é *diamūthologeō* = expressar em palavras, falar, entreter-se com uma conversa. Dixsaut (1991, p. 339, n. 111)) sugere que, dada a etimologia do verbo, o sentido é "dizer um mito". No entanto, o que se vai ver na sequência não segue o regime dos mitos, pois é uma conversa

na qual são apresentados argumentos para sustentar a imortalidade da alma. Note-se, contudo, que tais argumentos não são "provas" em sentido científico, mas um esforço da parte de Sócrates para oferecer as razões mais plausíveis (cf. *eikós* em 70b7) para a imortalidade, um tema que, de resto, tanto ontem como hoje, não se presta a ser objeto de explanação científica precisa.

[73] A referência é a Aristófanes. Em *As Nuvens* ele apresenta Sócrates como praticante de *adoleschia* (tagarelice).

[74] *Gignontai* também pode ser traduzido por "vêm a ser".

[75] O interesse dos personagens em suas próprias almas é constante no diálogo, como se pode notar em 63c1-5, 69d7-e2, 88b6-8, 95d4-e1, 115d2-4 (cf. Gallop, 1975, p. 106).

[76] De que nossas almas existem no Hades.

[77] Traduzo o termo "*genesis*" aqui como *vir a ser*. Outras opções são "geração", "produção", "nascimento". O "argumento cíclico", que se constrói sobre a doutrina dos opostos, sugere que não há distinção entre um objeto receber uma característica e o *vir a ser* (entrada na existência) da característica no objeto (cf. Gallop, 1975, p. 104).

[78] Note-se que Sócrates fala de "tudo" o que possui um oposto, o que limita a "doutrina antiga", citada em 69e, aos pares de opostos.

[79] Como indicado acima, "tudo" o que possui um oposto e é do grupo das coisas que sofrem geração.

[80] Sócrates não diz o que entende por "*enantios*" (oposto, contrário). Ver comentário na *Introdução* e referências indicadas ali.

[81] Provavelmente Sócrates está sugerindo que não temos nomes para alguns casos. Para outras opções de interpretação dessa frase, ver Gallop, 1975, p. 110.

[82] Ou uma "geração" (*genesis*).

[83] *geneseis*

[84] Conforme 71a.

[85] Sócrates usa o adjetivo "*saphes*" (claro, óbvio), sugerindo que, enquanto acontecimento, a morte é uma realidade inevitável aos vivos.

[86] Sócrates está perguntando se não é o caso de prover à natureza, a qual a morte faz parte como processo,

outra *genesis* (geração, processo de vir a ser) que se oponha à morte, o que estabeleceria um equilíbrio, evitando que a natureza seja, nesse aspecto, "manca".

[87] Aqui temos a razão pela qual esse argumento é chamado "argumento cíclico".

[88] Figura mitológica: adolescente cuja juventude foi eternizada quando Zeus o condenou a permanecer dormindo para sempre. Sócrates afirma que a existência de um processo cíclico de vir a ser no par "adormecer-acordar" dá ao caso de Endimião um sentido. Se tudo estivesse no estado da dormência, a história perderia seu significado.

[89] Cf. DK 59 B 1. Sócrates voltará a discutir as ideias de Anaxágoras em 97b-99d.

[90] Sigo o texto da OCT e omito, depois de *einai* (72d10), este trecho: *kai tais men ge agathais ameinon einai, tais de kakais kakion* (e que às boas [almas] existe o melhor, às más o pior). Provavelmente é uma interpolação com 63c6-7.

[91] *Kata... ton logon*. Aqui se inicia o chamado "argumento da reminiscência" (*anamnēsis*: 72e-78b). É introduzido com uma cláusula condicional por parte de Cebes: *ei alēthēs estin* (se é verdadeiro). Somente três dos diálogos de Platão tratam do tema da reminiscência: o *Mênon* (claramente mencionado em 73a), o *Fédon* e o *Fedro*. O tema é relevante na história da filosofia, podendo ser considerado uma defesa do inatismo de certos conceitos. Outros filósofos, como Descartes, Leibniz e o linguista Noam Chomsky, também defenderam ideias inatas. Para uma análise sucinta do tema da reminiscência em Platão, ver o artigo de Charles Khan, "Platão e a Reminiscência", em: BENSON 2011, p. 120-132. Uma interpretação de maior envergadura está em SCOTT 1995.

[92] Cebes retoma *ean tis kalōs erōtai* (linha 73a7).

[93] Referência a *Mênon* 82c-85b.

[94] *To toioton* refere-se aos dois exemplos nos quais a visão de uma coisa permite rememorar outra. Para entender por que os dois casos são "uma forma de reminiscência" ou "uma certa reminiscência" (*anamnēsis tis*), ver o argumento de Sócrates na sequência.

[95] Isto é: o item a partir do qual o processo de reminiscência se inicia.

⁹⁶ Notemos que Sócrates introduz duas formas básicas de reminiscência em 7a2-3: (i) reminiscência de coisas dessemelhantes e (ii) reminiscência de coisas semelhantes. A questão adicional mencionada acima refere-se apenas ao segundo tipo.

⁹⁷ Tomando "*ti einai*" como predicado, cf. nota 53 acima. Para alternativas, ver Rowe, 1993, p. 167-8; Svavarsson, 2009, p. 62, notas 5-6.

⁹⁸ Comparar essa questão com 64c-d. Em 64c a pergunta "x é algo?" é aplicada à noção de "morte" e em 65d à noção de "justo" (*famen ti einai dikaion auto ē ouden;*). Aqui é aplicada a noções como "igual", "justo", entre outras. Nas linhas seguintes Sócrates pergunta se há uma noção de "igualdade" distinta, enquanto tal, dos casos de igualdade aplicados a comparações específicas entre madeiras, pedras, entre outros casos.

⁹⁹ O pronome *auto*, na linha 74b4, refere-se ao "igual". O pronome é, simultaneamente, objeto dos verbos "*epistameta*" e "*estin*" (cf. Gallop, 1975, p. 229).

¹⁰⁰ O Igual.

¹⁰¹ Adoto a versão que está na OCT para a sentença em 74b8-9, mas há variantes. A literatura do *Fédon* dedica bastante comentário a esta sentença e ao argumento como um todo. Ver *Introdução* para indicação de bibliografia.

¹⁰² Por que Platão escreve aqui o plural "*auta ta isa*" (os próprios iguais)? Como é óbvio que ele não está se referindo às instâncias de igualdade que encontramos na mencionada experiência com pedras e lenhas – para estes, ele escreve "*tauta ta isa*" em 74c4 –, as opções se voltam para as Formas ou alguma subclasse delas. Optei por não interpretar como uma referência a "*auto to ison*", no que me oponho a traduções como a de Paleikat e Costa (Pensadores, 1983), pois não penso que Platão está sugerindo essa equivalência com o singular. Se fosse o caso, ele poderia escrever em 74c1 *auto to ison* como intercambiável com *isotēs* (igualdade). Contudo, não tenho condições de argumentar em detalhes esse tema aqui. Para comentários mais extensos, ver Rowe, 1993, p.170; Gallop, 1975, p. 123-125; Sedley, 2007, p. 82-84; Dixsaut, 1991, p. 346; Smith, 1980, 1-7.

¹⁰³ Cf. 73c.

¹⁰⁴ O "igual" em si é, por um lado, semelhante à igualdade de pedras e lenhas, uma vez que todos apresen-

tam o predicado comum "igual", mas, de outro lado, o igual em si é distinto destes iguais.

[105] Isto é: se lhes falta algo que o igual em si possui.

[106] Todas as sensações de objetos tidos como iguais.

[107] O artigo "*to*" (*to ho esti*) indica que a pergunta "o que é?" tem o *status* de um nome; é a substantivação de uma prática, tendo se tornado um termo técnico (cf. Rowe, 1993, p. 15; Burnet, 1911, p. 58). Nas investigações socráticas esta pergunta pede pela definição de um tema ou objeto.

[108] A referência é a 75e: o conhecimento que se tinha antes do esquecimento.

[109] "*Dounai logon*" pode também ter o sentido de "dar uma definição" (cf. Rowe, 1993, p. 176). Ver *Fédon* 78d e *República* 534b-c.

[110] São as noções mencionadas em 75c-d: maior, menor, igual, belo, justo, piedoso, entre outras.

[111] Símias está dizendo que ainda resta examinar esta alternativa.

[112] Comparar com 65d.

[113] O que é redescoberto aqui não é o ser (*ousia*), como o texto parece sugerir, mas o conhecimento do ser (cf. Rowe, 1993, p. 17).

[114] *Tauta* na linha 76e2 refere-se a *ta ek tôn aisthêseôn* (76d9).

[115] Este *tauta* da linha 76e3 refere-se às noções mencionadas em 76d8: algo belo, algo bom...

[116] 70a.

[117] Inicia-se aqui o argumento chamado "argumento da afinidade" (78b-84b). Argumenta-se que a alma é imortal devido à afinidade com Formas não compostas e imutáveis.

[118] O sentido provavelmente é: na forma de suas partes originais.

[119] 74a-77a.

[120] Rowe (1993) toma "*to on*" como uma descrição sintética de "*hekaston ho esti*", tal como se lê em 78d4 e 78d5. Platão usa "*to on*" como variação para "ser" em geral, intercambiável com "o que é?" (*ho esti*) e "essência" (*ousia*).

[121] Sigo a OCT 1995 e suprimo *ē kalōn* em 78e1.

[122] *Homōnūmōn* aqui significa: itens belos possuem *em comum* o nome com a Forma do Belo, itens iguais possuem *em comum* o nome com a Forma do igual, e assim por diante.

[123] Notemos que Sócrates diz que não apenas as Formas possuem ser, mas que também as coisas visíveis. Assim, se há "duas classes de seres", certa visão tradicional do platonismo, segundo a qual o mundo sensível não teria um ser próprio, parece não se ajustar muito bem com o que o *Fédon* sugere aqui.

[124] Isto remete à 64c, passagem que assume uma concepção de morte como separação entre alma e corpo.

[125] Isto é: segundo os sentidos humanos.

[126] 65a-67b.

[127] Para o sentido de "puro" aqui, ver nota 57.

[128] Segundo Gregory Vlastos, esta é a primeira ocorrência do termo "*methodos*" em grego (VLASTOS, 1994, p. 1, nota 5). Ver também 97b6.

[129] Não temos aqui uma condenação da ginástica, pois esta faz parte, para Platão, da educação ideal (ver *República*, livro 7). É a condenação da ginástica como prática exclusivamente voltada à beleza do corpo, sem cuidado com a alma.

[130] *Ta onta*.

[131] "dos itens que são" traduz "*tōn ontōn*".

[132] Notemos o jogo de termos: de um lado, o que é sensível-visível (*aisthēton-horaton*). De outro, o que é inteligível-não-visível (*noēton-aides*).

[133] Isto é: os objetos que provocam tais experiências são sobretudo os visíveis.

[134] "semelhante em modos e criação" tem o sentido de semelhança no comportamento e nos gostos (cf. Dixsaut, 1991, p. 250).

[135] Conforme 69a.

[136] Penélope, esposa de Ulisses, tinha prometido que só aceitaria um novo marido – a pressão sobre ela era grande devido à longa ausência de Ulisses – se terminasse de tecer um pano no qual trabalhava. Para não ter que

terminar e cumprir a promessa, ela tecia de dia e desfazia todo o trabalho à noite. Ver *Odisséia*, 2, 92-105.

[137] Omito aqui, com Rowe (2003) e Burnet (1911), *"tauta d'epitēdeusasa"*, dada a redundância com *"ek dē tēs toiautēs trophēs"*. Algumas traduções, como a de Dixsaut (1991) e a de Paleikat & Costa (1983), preservam essa parte do texto.

[138] Cf. 70a.

[139] 1° Interlúdio: em 84c-85e Símias, Cebes e Sócrates conversam sobre como se sentem em relação às objeções e dúvidas sobre o que foi defendido até aqui. É uma preparação para as objeções que virão na sequência.

[140] Traduzindo *"kallista"* e não *"malista"*.

[141] Ver nota 12 acima sobre 59e.

[142] Cebes.

[143] "Proposições" traduz *"logōn"*.

[144] A ideia de um método que toma hipóteses como "veículos" de proposições será retomada adiante, no contexto da discussão desenvolvida na seção 95a-107b. Símias parece estar antecipando a tese sobre "hipóteses" que será apresentada por Sócrates nesta seção.

[145] Em 85e-88b são relatadas as objeções de Símias e Cebes. Ver *Introdução*.

[146] Platão usa o termo *"harmonia"*, mas o sentido posto na fala de Símias é claramente mais específico: é afinação de instrumentos.

[147] Aqui Símias retoma a condição posta em 86a: *"epeidan oun...."*

[148] O material da lira.

[149] Talvez uma referência ao círculo pitagórico, como sugere Sedley & Long, 2010, p. 78.

[150] Lendo *"dē tinos"* em 87c3, conforme Rowe (1993).

[151] A última vestimenta é, obviamente, o último corpo a ser ocupado por uma alma.

[152] Interpreto o '*sū*' (tu) como sendo uma referência a Cebes, e não a Sócrates, como a sentença parece sugerir. Devido à dificuldade do trecho, alguns tradutores, como Sedley & Long (2010) deletam o '*ē*' da linha a2, mas não

acho necessário. Em minha leitura, Cebes continua o relato indireto (*oratio obliqua*), desenvolvendo o ponto de vista de "alguém", conforme 87b. Em 88a2, tal pessoa imaginária se dirige ao próprio Cebes e formula seu ponto. O tópico, contudo, é controverso e difícil. Para discussão pormenorizada ver Rowe, 1993, p. 209; Gallop, 1975, p. 231-232 e Bluck, 1955, p. 157-159.

[153] Cf. 64c.

[154] Note-se que somente aqui Cebes interrompe a longa argumentação indireta de "alguém".

[155] 2° Interlúdio: em 88c-91c, Fédon, o narrador, relata o estado de espírito após as objeções de Símias e Cebes. No curso deste interlúdio, Sócrates dirige-se a Fédon e desenvolve com ele uma reflexão sobre o valor dos argumentos na filosofia.

[156] Sendo Fédon quem retoma a narrativa, 'eles' refere-se a Cebes e Símias.

[157] A teoria exposta por Símias.

[158] Claramente em razão do luto que se abaterá sobre Fédon.

[159] Segundo Heródoto I, 82, os Argeus teriam jurado não cortar os cabelos até que recuperassem o domínio da cidade de Térea, conquistada pelos espartanos.

[160] Sobrinho e ajudante de Hércules.

[161] Optamos por não traduzir porque o sentido do termo é claro (*misologia* = aversão a argumentos, aversão à razão, entre outros sentidos.), similar a outros termos compostos a partir do verbo *miseō* (odiar, ter aversão), como *misantropia* e *misandria*, citados na sequência.

[162] Platão usa aqui o termo "*technē*". Este uso, bem como os demais casos que se seguem, assemelha-se ao nosso uso do termo "conhecimento" nos contextos em que dizemos, por exemplo, que alguém tem "conhecimento do assunto". É algo próximo do uso da palavra "*expertise*": um conhecimento com base em experiência, informações ou estudo sobre determinado objeto ou procedimento. No caso aqui, trata-se de conhecimento sobre o homem: suas qualidades, sua natureza, seus hábitos etc. Poder-se-ia usar a palavra "técnica", mas entre nós essa palavra tem um emprego mais específico.

[163] Ver nota anterior.

[164] A construção da sentença é ligeiramente diferente da versão que apresentamos na tradução. Sócrates não menciona a *apodosis* (o consequente) do que diz desde "*all' ekeinē*(i)," mas introduz, em c1, um novo sujeito: *os diatripsan*tes.

[165] Pode-se também seguir outras opções para *antilogikous logous*. Paleikat & Costa (1983) e Azevedo (2000) sugerem, respectivamente, "demonstrar o pró e o contra" e "argumentar prós e contras".

[166] Isto é: como as marés do canal de Euripo. Trata-se de um canal estreito entre a ilha de Negroponto e a costa de Eubeia, conhecido por suas marés inconstantes (cf. Azevedo, 2000, p. 133).

[167] Com o termo *anoia* Sócrates refere-se à possibilidade de ser um erro acreditar que existe vida depois da morte, o que é claramente uma alternativa, considerando o estado ainda inconcluso da presente discussão.

[168] Em 91c-95a, Sócrates responde às objeções de Símias e critica o argumento da alma como harmonia.

[169] Cf. 73a.

[170] Isto é: algo composto.

[171] "com aquele" refere-se ao argumento de que a alma é reminiscência, cf. 91e.

[172] O termo usado por Platão aqui tem o sentido de "impostores".

[173] Conforme 76e-77a.

[174] Para "*ho estin*", ver 75d e a nota 107. Uma tradução alternativa para "*ousia*" aqui é "ser", mas não vejo, no *Fédon*, distinção entre "o ser de algo" e "a essência de algo". São formas alternativas de se referir ao objeto da pergunta socrática "o que é?".

[175] Símias parece ecoar o que Sócrates diz em 91b sobre a importância de persuadir a si mesmo.

[176] A partir daqui Sócrates desenvolve seus argumentos contra a tese de que a alma é harmonia. Ver *Introdução* para breve descrição.

[177] O trecho tem expressões que repetem a mesma ideia. Não é claro o que as expressões "*epi pleon*" e "*ep' elatton*" acrescentam a "*mallon*" e "*hētton*".

¹⁷⁸ Essa suposição é a consequência da hipótese de que a alma é harmonia.

¹⁷⁹ Referência ao argumento completo: se uma harmonia é plenamente (*pantelōs*) uma harmonia e uma alma é plenamente alma, segue-se que esta não tem qualquer participação em disposições que a diminuem, como vício e outros defeitos morais. Na sequência, Sócrates criticará a conclusão desse argumento.

¹⁸⁰ Cf. 93a.

¹⁸¹ *Odisseia* XIX, 17-18.

¹⁸² Sabemos que Platão costuma criticar Homero (ver os livros II, III e X da *República*). Neste ponto, contudo, ele usa a obra do poeta para apoiar uma objeção à teoria da harmonia.

¹⁸³ Em 95a-102a, temos a primeira parte da resposta de Sócrates às objeções de Cebes. O trecho é bastante complexo e é, provavelmente, a parte mais lida e comentada do *Fédon*, por conter, entre outras coisas, um relato de Sócrates sobre suas investigações precedentes e uma apresentação das Formas como *aitiai* (causas). Apesar dessas características terem se destacado na literatura do *Fédon*, importa não perder de vista que o objetivo deste trecho é ser uma preparação para o argumento final. Este último responderá às objeções de Cebes em 102a-107b. Para outros detalhes, ver *Introdução* e referências.

¹⁸⁴ Referência à deusa *Harmonia*, mulher de Cadmo, fundador de Tebas: a referência sugere que, após a resposta de Sócrates, a teoria da harmonia defendida por Símias se revelou moderada e sem a força de objeção que parecia ter. Sócrates parte agora para a elaboração da resposta às objeções de Cebes, que na metáfora representa Cadmo.

¹⁸⁵ Em 95a9 lendo, com Rowe (1993) e o manuscrito lambda, "*hoti*" no lugar de "*hote*".

¹⁸⁶ Referência à teoria da reminiscência.

¹⁸⁷ "Causa" está traduzindo o substantivo "*aitia*". Não há em português – tampouco em outra língua – um termo cujo uso corresponda ao sentido exato de *aitia* ou *aition*. Segui a opção de "causa", a mais comum entre os tradutores modernos do *Fédon* (cf. SEDLEY 2010 , DIXSAUT 1991, BLUCK 1955, AZEVEDO 2000, VALGIMIGLI 1931,

VICAIRE 1983). Para um comentário geral à proposta de Platão aqui, com indicação de bibliografia, ver *Introdução*. Agradeço as valiosas discussões desta seção do *Fédon* nos encontros na Unicamp-SP com Lucas Angioni, Breno Zuppolini, Felipe Weinmann, Fernando Mendonça e Gustavo Bianchi, entre outros, mas ressalto que nenhum deles tem qualquer responsabilidade por eventuais erros ou omissões de alternativas mais adequada nesta tradução.

[188] *Genesis*.

[189] Sócrates refere-se às investigações dos filósofos que o antecederam, como Anaxágoras. Estes filósofos concentravam-se no estudo dos princípios originários do universo. São chamados de *phūsiologoi* (examinadores da natureza).

[190] Antiga medida com o antebraço. Um côvado corresponde a 43cms.

[191] Lendo *[ē to prostethen]* em 96e9, conforme a sugestão de Wyttenbach.

[192] Anaxágoras propõe que "*Nous*" é o "*aition*". Traduzo como "A inteligência é a causa".

[193] Sócrates sugere uma ciência dos contrários: o conhecimento pode ser exercido para o propósito oposto de cada especialidade. Assim, o conhecimento de medicina pode ser usado para a vida ou para a morte.

[194] Região da Grécia Central. Mégara é uma cidade vizinha de Atenas.

[195] Conforme 98c.

[196] Provavelmente, a primeira referência é a Empédocles e a segunda a Anaxímenes, Anaxágoras e Demócrito (ver Aristóteles, *Do Céu*, 294c; 295c; 300b).

[197] Figura mitológica, condenada por Zeus a carregar o mundo nas costas para sempre.

[198] "*Deureros plous*": é uma metáfora náutica. A expressão era usada no recurso aos remos quando a condução pelos ventos não estava disponível. O ponto da metáfora nos parece ser a sugestão de que o método que será exposto na sequência (método das hipóteses com base em Formas) é uma alternativa a outros métodos que não tiveram o resultado desejado. Mas há disputa sobre este aspecto. Alguns comentadores entendem que a segunda navegação não é uma

alternativa de busca dos mesmos resultados, mas uma mudança em relação ao objetivo inicial. Assim, VLASTOS 1970 entende que a primeira via envolve a física dos pré-socráticos e a proposta teleológica de Anaxágoras. Segundo Vlastos, ambas são rejeitadas na segunda navegação. Semelhantemente, BOLTON 1998 sugere que a primeira via seria um projeto fisicalista de explicação da natureza, abandonado na segunda navegação em favor do método metafísico de Platão. Para outras propostas, ver FINE 2003 e SHARMA 2009.

[199] Referência à investigação relatada em 96a-b: *causas* (razões, explicações) com base na observação direta das coisas.

[200] "*Logous*. Traduzo como "proposição" neste sentido: teses ou ideias expressas numa sentença completa (cf. ROWE 1992, p. 92). Outra opção seria "argumento".

[201] *Erga*. O sentido da tese que Sócrates está expondo na frase que começa com "não concedo..." não é claro no texto. Para uma proposta de interpretação, ver VAN ECK 1994, p. 26ss.

[202] Novamente "*logos*". Em 100a3-4, Sócrates refere-se ao procedimento de examinar, entre as propostas que se apresentam numa discussão, aquele *logos* (singular) que tem mais solidez. Algumas linhas adiante, em 100b4-5, vemos um exemplo de *logos* no sentido de proposição: "As Formas são causas das qualidades dos objetos". Minha tradução inspira-se no comentário de ROWE 1992. Pode-se também usar o termo 'tese' para traduzir "*logos*" aqui.

[203] *Errōmenos* tem o sentido de 'forte', 'potente'. Como é um predicado atribuído ao termo "*logos*", optei por traduzir como "consistente".

[204] Ver *Fédon* 65d, 74b, 78d, 92d-e.

[205] Importante notar aqui que o infinitivo do verbo ser (*einai*) é objeto de uma proposição condicional: "se estás de acordo que...", "se me concedes que...". A proposição condicional introduz uma realidade para as Formas, mas o contexto deixa claro que Sócrates (ou Platão) está propondo uma hipótese a partir da qual se pode retirar algumas conclusões. Enquanto hipótese, a tese das Formas pode ser aceita, aprimorada ou abandonada. A concepção do papel de uma hipótese pode ser mais bem compreendida à luz das considerações que Sócrates faz, em 89b-91c, sobre como entende o valor dos argumentos na filosofia e, em especial,

sobre como vê o significado da investigação que eles estão desenvolvendo no *Fédon*. Ver também 102b. Para análises sobre o uso de "hipótese" em Platão, ver ROBINSON 1953; BENSON 2015.

[206] Sócrates lembra o objetivo central da discussão: argumentar a imortalidade da alma. A exposição sobre a busca pela 'causa' é um passo preliminar desse argumento.

[207] O sentido desse termo será indicado em 100d: é uma relação entre uma forma *F* e um particular *x*. Ver nota seguinte.

[208] A maior parte dos manuscritos traz aqui o particípio feminino "*prosgenomenē*". Este particípio parece conectar-se de forma gramaticalmente errada a "*parousia*" e "*koinōnia*", perdendo-se do sujeito que foi introduzido com "*to kalou*". O curso natural da frase em 100d6 deveria sugerir uma terceira via e não o particípio. Esta terceira via, qualquer que fosse, ofereceria um terceiro tipo de relação entre a Forma do belo (*tou kalou*) e o item particular belo. Entre as correções sugeridas, *prosgenomenou*, que é a versão que traduzimos (neste caso não seguimos a versão impressa na OCT), tem a vantagem de combinar o genitivo com "*tou kalou*".

[209] Para comentário sobre a relevância do dativo "*tō(i) kalō(i)*" aqui, ver *Introdução*.

[210] Sócrates retoma o exemplo de 96d: a questão a ser rejeitada é uma explicação dos predicados 'maior' e 'menor' usando-se a mesma causa: 'pela cabeça'. Para comentários a este exemplo, ver MENN 2010; VAN ECK 1994 e GALLOP 1975, p. 172-3; 184-187.

[211] Note-se que Sócrates refere-se aqui à essência (*ousia*) de cada objeto (*tēs idias ousias hekastou*). Esse uso de *ousia* no genitivo indica uma essência particular. Em outros contextos, "*ousia*" também pode ser usado para "ser" ou "modo de ser". Note-se também que o texto não tem nada que corresponda às palavras "objeto", "item" ou "coisa". Às vezes, porém, é inevitável usá-las na tradução.

[212] "*Antilogikoi*": profissionais da controvérsia, da discussão. A etimologia do termo grego indica o sentido: são os que praticam "contra-argumentação".

[213] Equécrates refere-se à capacidade de compreensão de quem ouve a explicação de Sócrates.

²¹⁴ Conforme 100b6. Alternativa de tradução para a sentença em 102b1: "cada uma das Formas existe".

²¹⁵ Inicia-se aqui a última parte do argumento final sobre a imortalidade da alma: 102a-107b.

²¹⁶ Há uma controvérsia na literatura acerca do que segue. Numa alternativa (cf. VAN ECK 1994), o exemplo que Sócrates vai desenvolver na sequência é a primeira aplicação da hipótese das Formas. Em outra (cf. GALLOP 1975), os exemplos expostos em 100b-101c já se oferecem como aplicação da hipótese.

²¹⁷ "*Tois rhēmasi*" refere-se a "*to ton Simian hyperechein Sōkratous*".

²¹⁸ Dativo de causa: *toutō(i) tō(i) Simian einai*.

²¹⁹ Paralelo ao raciocínio anterior: por alguma propriedade intrínseca de Sócrates.

²²⁰ "Ser pequeno" e "ser grande" são adjetivos de comparação (cf. GALLOP 1975, p. 184) atribuídos aos particulares (Símias, Sócrates, Fédon) devido à participação nas Formas "grandeza" e "pequenez". Sócrates enfatiza (102c) que estes adjetivos não são características intrínsecas dos particulares, mas características que eles portam em determinados contextos. Para uma proposta sobre como esta passagem do *Fédon* pode ser entendida segundo uma visão alternativa sobre a lógica das "relações", ver CASTAÑEDA 1972 e CASTAÑEDA 1978.

²²¹ *Ethelein* nesta passagem tem sentido similar a *dūnamai*: ter certa capacidade ou disposição para algo.

²²² Refere-se à *to en hēmin megethos* (a grandeza em nós, 102d7).

²²³ Conferir *Fédon* 69e-71a, passagem lembrada aqui. Tal como compreendemos a questão sobre os opostos (ou contrários) discutida nesta passagem, trata-se de uma distinção entre os itens concretos nomeados opostos e as noções opostas em si mesmas (notar a diferença com outra distinção, também mencionada neste contexto, entre a Forma e suas instâncias). Sócrates argumenta que o que se disse antes foi que um item oposto concreto, isto é, algo do mundo que é belo, algo que é justo etc., obtém essa característica de um estado anterior oposto, como não ser belo, não ser justo etc. Na passagem atual, o foco são as noções em si mesmas, o quente, o belo, seja a qualidade atribuída a nós, seja a Forma

em si, de cuja existência aquela qualidade depende. Enquanto tais, estas noções, diferentemente dos casos anteriores, não se transformam nas noções opostas.

[224] Isto é: não está no mesmo estado de objeção que estava anteriormente.

[225] Verificar 64c e a nota *ad locum* para o tipo de questão que Sócrates faz aqui. Sócrates refere-se a "quente" e "frio" como Formas "em si" e "em nós" (cf. Rowe, 1993, p. 253).

[226] O "frio" substantivado: *psūchrótēta*.

[227] Casos em que um item participa em um oposto.

[228] *To eidos*.

[229] Traduzimos *morphē* como "característica", *faute de miex*. Outras opções de tradução para esse termo são "forma", "aspecto", "caráter". Para discussão sobre o sentido destas características, no quadro do que Sócrates está propondo na parte final do argumento, ver FEREJOHN 2011, p. 152-156; GALLOP 1975, p. 199-205; ROWE 1993, 249-50, 253; SILVERMAN 2000, 60-65.

[230] Isto é: a única sobre a qual o que foi dito acima (no exemplo do *ímpar*) é verdadeiro.

[231] "três" aqui provavelmente refere-se às instâncias, não à Forma "Três". Para interpretação semelhante, ver Rowe, 1993, p. 254-5.

[232] Conforme 103b.

[233] Como é o caso dos números "três" e "dois", que não são opostos.

[234] "*Idea*" neste ponto é sinônimo de "'*morphē*" tal como usado em 103e5 (cf. Rowe, 1993, p. 255).

[235] O texto dá margem a dúvidas sobre o referente destes "ocupantes". Ver Gallop, 1975, p. 199-205.

[236] "*Idea*", cf. nota 235 acima.

[237] O trecho em 104d1-3 tem ambiguidade. Na tradução tomo "*ha*" como sujeito e "*hoti an kataskē(i)*" como objeto de "*anankadzei*". Assumo que o pronome "*hauto*" refere-se "*ha*". Para alternativas, ver Gallop, 1975, p. 202-205 e 236.

[238] "*Idea*". Aqui preferimos traduzir por "forma". Platão usa de modo intercambiável, no *Fédon*, os termos *eidos*, *idea* e "*morphē*".

[239] Isto é: tornar o número três ímpar.

[240] "*hē trias*".

[241] Para comentário sobre o que está sendo proposto em 102a-105c, no desenvolvimento da chamada "resposta refinada" (105c2), ver ROWE 1993, 258-260. Para um apanhado geral dos problemas da passagem, ver GALLOP 1975, 205-213. Ver também *Introdução*.

[242] Referência ao que foi "definido" em 105a2-5.

[243] Não se está sugerindo, penso, que o fogo é condição necessária para o calor, mas que é condição suficiente. Trata-se de um exemplo colhido no campo das coisas físicas: um objeto colocado no fogo produz calor em seu todo ou em algumas de suas partes. Serve, assim, como exemplo de resposta mais refinada à pergunta: "o que torna este corpo quente?" A resposta: "é o fogo" é mais precisa do que a dada pela hipótese das Formas: "é o calor", embora esta última também esteja correta.

[244] Para uma síntese e sugestões de comentários a esta parte final do argumento da imortalidade, ver *Introdução*.

[245] Notemos o paralelo com as condicionais anteriores: se o não par, o não quente, o não frio *fossem* indestrutíveis.

[246] Essa premissa hipotética é fundamental no argumento. O sentido é: *se estamos de acordo que o que é imortal e o que é indestrutível são coextensivos*.

[247] Sócrates obtém aqui a conclusão final da discussão sobre a imortalidade. Ver *Introdução* para referências.

[248] O objeto da crença de Cebes e Símias é a conclusão do argumento, o que garante um desfecho na discussão, já que boa parte do diálogo consiste em respostas a objeções que ambos fizeram sobre esse tema.

[249] Sócrates parece dirigir-se a todos os presentes.

[250] Pode ser que Sócrates esteja indicando aqui a necessidade de especificar alguns aspectos sobre as Formas, como o modo como se relacionam com os particulares (ver 102a-b e 104d) ou o que significa uma Forma "estar em nós" (ver 74d, 102d-e, 106d), entre outros aspectos.

[251] "*Touto auto*" refere-se aos exames adicionais sugeridos na linha anterior.

[252] Referência à definição de morte dada em 64c: *separação, da alma, do corpo*.

253 Inicia-se aqui, na penúltima seção do diálogo (107d-115a), um relato sobre o destino das almas após a morte e uma descrição mitológica sobre as características geofísicas da terra.

254 Espécie de espírito guardião que, na crença dos gregos antigos, cada um carrega consigo.

255 Ver *República* 615a e *Fedro* 249a.

256 Peça perdida de Ésquilo.

257 Ver também *Górgias* 524a.

258 Cf. 81b-d

259 Provavelmente "a técnica de Glauco" é uma expressão proverbial, semelhante a "não é preciso ser gênio para...". Para outras opções de leitura dessa referência, ver CLAY 1985.

260 Isto é: mantendo-se no estado de uniformidade do corpo que a contém.

261 Atual Rion, na *República* da Geórgia.

262 Extensão que vai do leste do mar negro até o atual estreito de Gibraltar, na parte oeste do mediterrâneo.

263 O sentido de "céu" para os gregos antigos é mais largo do que o é para nós: no céu dos gregos estão os astros, mas também os deuses.

264 A imagem sugere uma mudança cognitiva no ser humano: sair dos limites do nosso mundo e sustentar uma visão sobre o que existe para além desses limites. Comparar com *Fedro* 248ass e *República* 514a-517a.

265 Trata-se do local para onde se destinam as almas, chamado por Sócrates de "verdadeira terra". O mito a seguir exporá os detalhes desse local.

266 Bolas ou esferas de pele de couro, feitas de doze peças, cada uma tendo o aspecto de um dodecaedro. Quando enchidas de ar, ganham a forma de esferas. No *Timeu* 55c, o dodecaedro figura como um dos cinco sólidos regulares, presentes na forma de elementos básicos da natureza como fogo, terra, ar e água (cf. Rowe, 1993, p. 275).

267 Importante comparar o uso de "*aition*" aqui com o contexto de 99-102, onde o termo "*aitia*" é usado no sentido de "causa". Na presente passagem o termo *aition* refere-se a uma propriedade (a pureza) como explicação (*aition*)

para o fato de que as pedras da outra terra são mais belas do que as pedras preciosas que existem no nosso mundo.

[268] Provável referência à erupção do Etna, na Sicília.

[269] Água, fogo, lama.

[270] Conforme 111c5-d2.

[271] Homero, *Ilíada*, VIII, 14.

[272] *Ilíada*, VIII, 481,

[273] "*Pneuma*" significa tanto "ar" como "vento".

[274] Dos campos.

[275] Para uma referência à forma como se concebia o oceano antigamente, ver Homero, *Ilíada*, 18, 607-8.

[276] Conforme 81e-82b.

[277] Para uma imagem de como seria este mundo atravessado pelo Tártaro, ver o diagrama traçado por Bluck (1955, p. 135). Note-se que, conforme 109a, a parte habitada pela humanidade é uma porção muito pequena da terra.

[278] Ver exemplos em *Górgias* 525e.

[279] Cf. 82b.

[280] Cf. 108d

[281] Cf. 77e, 78a.

[282] Não há informações sobre tal garantia. Burnet (1911) especula, com base em *Críton* 44e, que pode ter sido Críton quem pediu aos juízes para que Sócrates ficasse na prisão até o retorno do navio, "garantindo" que Sócrates não fugiria (Burnet, 1911).

[283] Xantipa e outras.

[284] Provável referência a Hesíodo, *Os Trabalhos e Os Dias*, 368-9.

[285] Cf. *Fédon* 86d, *Banquete*, 221b, *Teeteto*, 143e; 209c.

[286] Provavelmente o veneno provoca convulsões, mas Platão não narra os detalhes.

[287] Cf. 57a, 58c.

Vozes de Bolso

- *Assim falava Zaratustra* – Friedrich Nietzsche
- *O Príncipe* – Nicolau Maquiavel
- *Confissões* – Santo Agostinho
- *Brasil: nunca mais* – Mitra Arquidiocesana de São Paulo
- *A arte da guerra* – Sun Tzu
- *O conceito de angústia* – Søren Aabye Kierkegaard
- *Manifesto do Partido Comunista* – Friedrich Engels e Karl Marx
- *Imitação de Cristo* – Tomás de Kempis
- *O homem à procura de si mesmo* – Rollo May
- *O existencialismo é um humanismo* – Jean-Paul Sartre
- *Além do bem e do mal* – Friedrich Nietzsche
- *O abolicionismo* – Joaquim Nabuco
- *Filoteia* – São Francisco de Sales
- *Jesus Cristo Libertador* – Leonardo Boff
- *A Cidade de Deus – Parte I* – Santo Agostinho
- *A Cidade de Deus – Parte II* – Santo Agostinho
- *O conceito de ironia constantemente referido a Sócrates* – Søren Aabye Kierkegaard
- *Tratado sobre a clemência* – Sêneca
- *O ente e a essência* – Santo Tomás de Aquino
- *Sobre a potencialidade da alma* – De quantitate animae – Santo Agostinho
- *Sobre a vida feliz* – Santo Agostinho
- *Contra os acadêmicos* – Santo Agostinho
- *A Cidade do Sol* – Tommaso Campanella
- *Crepúsculo dos ídolos ou Como se filosofa com o martelo* – Friedrich Nietzsche
- *A essência da filosofia* – Wilhelm Dilthey
- *Elogio da loucura* – Erasmo de Roterdã
- *Utopia* – Thomas Morus
- *Do contrato social* – Jean-Jacques Rousseau
- *Discurso sobre a economia política* – Jean-Jacques Rousseau
- *Vontade de potência* – Friedrich Nietzsche
- *A genealogia da moral* – Friedrich Nietzsche
- *O banquete* – Platão
- *Os pensadores originários* – Anaximandro, Parmênides, Heráclito
- *A arte de ter razão* – Arthur Schopenhauer
- *Discurso sobre o método* – René Descartes
- *Que é isto – A filosofia?* – Martin Heidegger
- *Identidade e diferença* – Martin Heidegger
- *Sobre a mentira* – Santo Agostinho
- *Da arte da guerra* – Nicolau Maquiavel
- *Os direitos do homem* – Thomas Paine
- *Sobre a liberdade* – John Stuart Mill

- *Defensor menor* – Marsílio de Pádua
- *Tratado sobre o regime e o governo da cidade de Florença* – J. Savonarola
- *Primeiros princípios metafísicos da Doutrina do Direito* – Immanuel Kant
- *Carta sobre a tolerância* – John Locke
- *A desobediência civil* – Henry David Thoureau
- *A ideologia alemã* – Karl Marx e Friedrich Engels
- *O conspirador* – Nicolau Maquiavel
- *Discurso de metafísica* – Gottfried Wilhelm Leibniz
- *Segundo tratado sobre o governo civil e outros escritos* – John Locke
- *Miséria da filosofia* – Karl Marx
- *Escritos seletos* – Martinho Lutero
- *Escritos seletos* – João Calvino
- *Que é a literatura?* – Jean-Paul Sartre
- *Dos delitos e das penas* – Cesare Beccaria
- *O anticristo* – Friedrich Nietzsche
- *À paz perpétua* – Immanuel Kant
- *A ética protestante e o espírito do capitalismo* – Max Weber
- *Apologia de Sócrates* – Platão
- *Da república* – Cícero
- *O socialismo humanista* – Che Guevara
- *Da alma* – Aristóteles
- *Heróis e maravilhas* – Jacques Le Goff
- *Breve tratado sobre Deus, o ser humano e sua felicidade* – Baruch de Espinosa
- *Sobre a brevidade da vida & Sobre o ócio* – Sêneca
- *A sujeição das mulheres* – John Stuart Mill
- *Viagem ao Brasil* – Hans Staden
- *Sobre a prudência* – Santo Tomás de Aquino
- *Discurso sobre a origem e os fundamentos da desigualdade entre os homens* – Jean-Jacques Rousseau
- *Cândido, ou o Otimismo* – Voltaire
- *Fédon* – Platão
- *Sobre como lidar consigo mesmo* – Arthur Schopenhauer
- *O discurso da servidão ou O contra um* – Étienne de La Boétie

CATEQUÉTICO PASTORAL

Catequese – Pastoral
Ensino religioso

CULTURAL

Administração – Antropologia – Biografias
Comunicação – Dinâmicas e Jogos
Ecologia e Meio Ambiente – Educação e Pedagogia
Filosofia – História – Letras e Literatura
Obras de referência – Política – Psicologia
Saúde e Nutrição – Serviço Social e Trabalho
Sociologia

TEOLÓGICO ESPIRITUAL

Biografias – Devocionários – Espiritualidade e Mística
Espiritualidade Mariana – Franciscanismo
Autoconhecimento – Liturgia – Obras de referência
Sagrada Escritura e Livros Apócrifos – Teologia

REVISTAS

Concilium – Estudos Bíblicos
Grande Sinal – REB

PRODUTOS SAZONAIS

Folhinha do Sagrado Coração de Jesus
Calendário de mesa do Sagrado Coração de Jesus
Almanaque Santo Antônio – Agendinha
Diário Vozes – Meditações para o dia a dia
Encontro diário com Deus
Guia Litúrgico

VOZES NOBILIS

Uma linha editorial especial, com importantes autores, alto valor agregado e qualidade superior.

VOZES DE BOLSO

Obras clássicas de Ciências Humanas em formato de bolso.

CADASTRE-SE
www.vozes.com.br

EDITORA VOZES LTDA.
Rua Frei Luís, 100 – Centro – Cep 25689-900 – Petrópolis, RJ
Tel.: (24) 2233-9000 – Fax: (24) 2231-4676 – E-mail: vendas@vozes.com.br

UNIDADES NO BRASIL: Belo Horizonte, MG – Brasília, DF – Campinas, SP – Cuiabá, MT
Curitiba, PR – Fortaleza, CE – Juiz de Fora, MG – Petrópolis, RJ – Recife, PE – São Paulo, SP